최고 경영자 하나님이 이끄시는

# 비전 인생

최고 경영자 하나님이 이끄시는

# 비전 안경

지은이 | 박수웅
초판 발행 | 2010년 10월 22일
17쇄 발행 | 2019. 11. 22
등록번호 | 제3-203호
등록된 곳 | 서울특별시 용산구 서빙고동 95번지
발행처 | 사단법인 두란노서원
영업부 | 2078-3333  FAX 080-749-3705
출판부 | 2078-3477

책 값은 뒤표지에 있습니다.
ISBN 978-89-531-1400-5  03230

편집부에서 독자의 의견을 기다립니다.
tpress@duranno.com    http://www.Duranno.com

이 책에 사용된 성경은 개역개정입니다.

두란노서원은 바울 사도가 3차 전도여행 때 에베소에서 성령 받은 제자들을 따로 세워
하나님의 말씀으로 양육하던 장소입니다. 사도행전 19장 8-20절의 정신에 따라 첫째
목회자를 돕는 사역과 평신도를 훈련시키는 사역, 둘째 세계선교(TIM)와 문서선교(단
행본·잡지) 사역, 셋째 예수문화 및 경배와 찬양 사역, 그리고 가정·상담 사역 등을
감당하고 있습니다. 1980년 12월 22일에 창립된 두란노서원은 주님 오실 때까지 이 사
역들을 계속할 것입니다.

최고 경영자 하나님이 이끄시는

# 비전 인생

박수웅
지음

두란노

# • 하나님이 이끄시는 인생 경영

나는 많은 찬송가 중에 특히 411장(새찬송가 563장) '예수 사랑하심 은'과 찬송가 405장(새찬송가 305장) '나 같은 죄인 살리신'을 즐겨 부른다.

내가 연약할수록 더욱 귀히 여기사
높은 보좌 위에서 낮은 나를 보시네
날 사랑하심 날 사랑하심
날 사랑하심 성경에 써 있네 ('예수 사랑하심은' 3절)

나 같은 죄인 살리신
주 은혜 놀라워
잃었던 생명 찾았고
광명을 얻었네 ('나 같은 죄인 살리신' 1절)

입을 열어 이 고백을 드릴 때마다 나를 향한 하나님의 인생 경영에 감사하지 않을 수 없다. 사람들 앞에서 말도 제대로 하지 못하던 내가, 장남으로서 집안을 책임져야 한다는 의무감 때문에 늘 어깨가 무겁던 내가 그분을 만나 변화되었다. 그분께 어떻게 훈련 받았는지를 떠올릴 때면 어제 일처럼 생생하고 가슴이 벅차다.

하나님은 내 인생을 하루하루 경영하셨다.

아버지의 기대에 부응하기 위해 완벽하려 애쓴 어린 시절, 겉으로는 착한 모범생이었지만 마음은 늘 불안하고 율법에 사로잡혀 살던 학창 시절, 독실한 기독교 가정에서 태어났으면서도 하나님의 존재를 의심하던 대학 시절……. 하나님은 그런 나를 아셨고, 내 연약함을 교정하셨고, 새사람으로 만들어 주셨다.

하나님은 지방 의대생으로서 아버지를 만족시키지 못한 함량 미달의 장남이 아니라, 하나님의 구체적인 계획과 경영하심 아래 만들어지는 아들임을 깨닫게 하셨다. 나를 향한 하나님의 경영은 나를 바꾸시는 것에서부터 시작되었다. 하루하루가 기대되었다. "그의 뜻대로 부르심을 입은 자들에게는 모든 것이 합력하여 선을 이루느니라"(롬 8:28)는 말씀이 이해되었다.

광야의 시간 동안 내가 매일 잊지 않고 지킨 것은 말씀 묵상이었다. 그 시간을 통해 하나님의 경영하심이 어떻게 이루어지는지 깨닫게 되었다. 하나님 앞에서 낮아지는 것, 이것이 하나님이 원하시는 인생 경영의 핵심이다.

하나님의 인생 경영은 언제나 나를 설레게 한다. 하나님은 20년마다 내 삶의 영역을 옮기셨다. 유·청소년기에는 믿음의 가정에서 기초 훈련을 시키시더니 청년기에는 미국으로 건너가 전문 의사로, 중년기에는 복음 전파 사역자로 훈련시키셨고, 예순의 장년기에는 의사 일을 접고 세계 각국을 다니며 평신도 사역을 감당하게 하셨다. 나는 지금 내게 행하신 하나님의 인생 경영 비밀을 많은 사람들에게 아낌없이 나누고자 한다. 그래서 비전 인생을 살도록 돕기 원한다. 가정 문제든 자녀 교육이든 진로 문제든 하나님의 경영이라는 관점에서 보기 시작하면 더 높고 의미 있는 차원의 삶을 살수 있기 때문이다.

하나님께 귀하지 않은 인생은 없다. 하나님이 돌보시지 않는 인생도 없다. 이제, 당신도 내가 받은 하나님의 인생 경영에 참여해 당신의 삶에 무슨 변화가 일어나는지 직접 경험해 보기 바란다. 지금 이 책을 읽고 있다면 하나님이 구체적으로 당신의 삶에 개입하여 경영하기 원하신다는 확실한 증거임을 믿기 바란다.

2010년 10월
박수웅

세상에는 좋은 말과 나쁜 말 그리고 좋은 글과 나쁜 글이 있다. 좋은 말과 좋은 글을 만나면 복이 되고 그렇지 않으면 화가 된다. 그러므로 살면서 좋은 말과 글을 만난다는 것이 얼마나 중요한지 모른다. 아이러니하지만 좋은 말과 글을 쓰는 사람이라고 다 좋은 사람은 아니어서 우리를 당황하게 하는 경우가 있다. 그런 면에서 좋은 말과 글보다 더 중요한 것은 좋은 사람이다. 좋은 사람을 만나는 것은 복 중의 복이다. 박수웅 장로님께서 『최고 경영자 하나님이 이끄시는 비전 인생』을 출판하셨다. 이 책을 통하여 독자들이 좋은 말과 글 그리고 좋은 사람을 만나는 복을 받으리라 확신한다. 그래서 기쁜 마음으로 추천한다.

+ 김동호(높은뜻연합선교회 대표목사)


'부업은 의사, 본업은 평신도 사역자'로 통하는 박수웅 장로님은 나이와 상관없이 청춘을 구가하는 '영원한 청년'이다. 세계 곳곳에서 청년집회를 인도하는 박수웅 장로님은 청년들에게 친근한 아버지 같은 존재로 이성교제, 성 문제, 결혼 등에 대해 실제적인 대안을 제시하며 서로 마음을 나누는 사역을 감당하고 있다. 이 책은 "하나님은 내 인생을 하루하루 경영하셨다"라는 고백과 간증을 통해 청년들이 어떻게 하나님 앞에 서야 하는지, 청년들이 어떻게 하나님 안에서 인생을 경영하고 비전을 가지고 나아가야 하는지를 제시하고 있다. 장로님의 청년 사랑이 물씬 묻어나는 책이다.

+ 김병삼(만나교회 담임목사)


이 시대 청년들에게 무엇이 필요한지를 말하는 사람은 많이 있다. 하지만 이들을 어떻게 훈련해야 하는지를 아는 조련사는 그렇게 많지 않다. 그런 면에서 이 책은 비전에 대한 정확한 답을 몰라서 시간을 낭비하고 있는 청년들에게 시원한 해답을 주는 '청년 필독서'이다.

+ 김형민(대학연합교회 담임목사)

박수웅 장로님은 꿈꾸는 청년이시다. 그의 가슴에는 청년이 살고 있고 비전이 살고 있다. 그는 만날 때마다 새로운 꿈을 이야기한다. 그리고 언제나 유머를 말할 준비가 되어 있다. 그래서 그는 늙을 시간이 없는 분이시다. 나는 박 장로님과 코스타 사역을 20년 이상 함께 동역해 왔다. 그는 코스타 청년들이 제일 좋아하는 청년 강사다. 그는 청년들과 밤샘하는 것을 피곤해하지 않는다. 그는 청년들에게서 한국 교회와 하나님 나라의 미래를 보고 있기 때문이다. 박 장로님을 카피하는 비전 인생들의 출현을 기대하며, 그의 인생의 비전을 파노라마처럼 펼쳐 주는 이 책의 출간을 기쁨으로 추천한다.

+ 이동원(지구촌교회 담임목사)


자랑할 만한 것과 내세울 만한 것도 많으시건만 하나님의 아들다운 삶과 아버지와 남편으로서의 사명만을 자랑스러워하시는 박수웅 장로님의 행복한 인생을 책으로 만나는 것은 너무 신나고 즐거운 일이다. 이 책을 읽는 동안 젊은 세대들은 주 예수님과 함께 자신의 인생을 벅찬 설렘으로 새롭게 디자인하는 희망과 용기로 넘칠 것이며, 어버이들은 주 예수님을 통한 관용과 배려와 소통을 체험하는 참으로 놀라운 은혜가 있을 것이다. '저가 내 안에 내가 저 안에' 있는 것처럼 우리와 친히 동행하시고 이끄시는 하나님을 더욱 가깝고 생생하게 만날 수 있도록 친절히 안내해 주는 이 책을 강추한다.

+ 최일도(詩人, 다일공동체 대표목사)


비전이라 함은 하나님께서 행하시는 일을 볼 줄 아는 눈을 의미한다. 역사의 주재자이신 하나님께서 어떻게 역사를 운행하시는지 그것을 읽을 줄 아는 눈, 이것이 하나님의 자녀가 된 믿음의 사람들이 갖는 커다란 특징이다. 이 특징을 자신의 삶 속에서 온전하고 풍성하게 누리는 사람, 바로 박수웅 장로님이시다. 그를 보면 하나님께서 무엇을 기뻐하시는지 또 하나님께서 역사의 방향을 어떻게 움직이시는지 볼 수 있다. 이 책은 하나님의 숨결과 섭리를 느끼게 한다.

+ 홍정길(남서울은혜교회 담임목사)

| 차례 |

# 인생을
# 준비시키시는
# 하나님

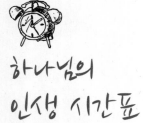

# 하나님의
# 인생 시간표

하나님의 시간표에 따라, 하나님이 그 인생을 경영하셔서 성공적인 삶을 산
많은 성경 인물들을 본다. 아브라함, 요셉, 모세, 여호수아, 갈렙, 베드로, 바울…….
하나님은 그 인물들처럼 우리의 삶 또한 단계별로 때에 맞게 경영해 나가신다.

    내가 만난 사람들 중 가장 인상적인 분을 꼽으라면 단연 이 분을
소개하겠다. 그분을 만나 나는 내가 전혀 관심이 없던 분야에서 새
로운 공부를 시작했고, 스릴 만점의 인생을 살아 오고 있기 때문이
다. 내가 얼마나 그분에게 영향을 받았으면 내가 공부한 그 수업을
받아 보라고 많은 사람들에게 소개하고 있을까.

    나는 그 수업을 '인생 경영 수업'이라 부르고 싶다. 대학 2학년 때

시작한 그 수업을 지금도 받고 있으니 꽤 오랜 시간 받고 있는 셈이다.

이 수업의 명강사는 다름 아닌 하나님이시다. 무슨 분야든 '경영'이라 이름 붙이는 분야에는 CEO가 있게 마련인데 하나님은 인생 경영의 최고 CEO이시다. 그분의 인생 경영 전략에는 어떤 대기업 총수도, 어떤 유능한 학자도 알 수 없고 가르칠 수 없는 신비로운 비밀과 전략이 있다. 하지만 언제나 일대일 수업이어서 내가 배운 강의 그대로 다른 누군가를 가르치시지는 않는다. 그분의 강의노트는 먼지 뿌옇게 앉은 골방에서 꺼낸 케케묵은 이야기들이 아니다. 언제나 새로운 생각들과 계획들로 가득 찬 신선하고 도전적인 가르침들로 가득하다.

주님이 인생 경영 CEO이심을 나는 말씀을 통해 알았다. 그리고 그분은 나를 박수웅 학생이라 부르지 않고, 청지기 박수웅이라고 부르신다. 청지기와 CEO의 만남은 하루도 쉬지 않고 이어진다. 강의를 쉬는 날도 없고 결석을 할 수도 없다. 다른 수강생들과 나를 비교하지 않으시기에 이 강의가 더욱 재미있다. 마태복음 25장 말씀을 보자.

"또 어떤 사람이 타국에 갈 때 그 종들을 불러 자기 소유를

맡김과 같으니 각각 그 재능대로 한 사람에게는 금 다섯 달
란트를, 한 사람에게는 두 달란트를, 한 사람에게는 한 달
란트를 주고 떠났더니"(14–15절).

인생 경영 CEO이신 예수님은 우리에게 각기 달란트를 주셨고,
포도원에서 열심히 일하라고 하셨다. 하지만 이 CEO는 날이 저물
매 결산하였다고 성경은 우리에게 말하고 있다.

"오랜 후에 그 종들의 주인이 돌아와 그들과 결산할새"(19절).

그리고 결산한 것을 토대로 충성된 종과 악한 종을 구별하신다.
충성된 종에게는 우리가 알지 못하는 잔치에 참여하는 특권이라는
상을 주신다.

"그 주인이 이르되 잘하였도다 착하고 충성된 종아 네가 적
은 일에 충성하였으매 내가 많은 것을 네게 맡기리니 네 주
인의 즐거움에 참여할지어다 하고"(23절).

예수님은 각 청지기들에게 경영을 위탁하시고는 각기 가진 것을

자본으로 무엇이든 어떤 방법으로든 경영해 보라고 기회를 주셨다. 어떤 이는 CEO의 마음을 흡족하게 했지만, 어떤 이는 CEO를 화나게 할 만큼 게으르고 지혜롭지 못했다.

어떤 조직이든 경영자에 따라 성패가 갈리는 것을 본다. 사회나 국가도 마찬가지다. 현대 사회에서 하나님은 우리에게 그 어떤 경영보다 자신의 인생을 경영하길 원하신다. 나는 하나님과 나만의 인생 경영 수업을 이 말씀을 토대로 평생 해 왔다. 일찍 이 수업을 시작할수록 하나님의 잔치에 초대 받는 특권을 받을 가능성이 높아진다. 하나님이 시작하신 내 인생 경영 수업의 첫 장면이 지금도 생생하다.


주눅 든 장남, 율법에 갇혀 살다

나는 전라도 시골에서 태어난 지극히 평범한 아이였다. 동네에서 눈에 띄게 부잣집도 아니었고, 어른들에게 "이 놈 참 기특하네, 물건 되겠어!" 하면서 일찍부터 될성부른 떡잎으로 점 찍힌 몸도 아니었다. 그야말로 친구들과 어울려 노는 것이 세상에서 제일 재미있는 지극히 평범한 아이였다.

자수성가한 아버지는 장남인 내가 공부면 공부, 인물이면 인물,

성격이면 성격 무엇이든 남보다 잘하고 빛이 나서 나로 인해 어깨가 으쓱해지기를 기대하셨다.

"잘혀라, 알겄냐? 아부지는 너만 믿는다."

"예, 아부지! 열심히 헐게요."

아버지와 나의 대화는 대체로 이랬다. 아버지는 내게 명령을 내리고 나는 대답하는 식이었다. 그러나 아버지의 기대에 부응하기에는 나는 턱없이 부족해서 늘 힘겨웠다.

그런 아버지가 내게 물려주신 소중한 것이 하나 있다. 그것은 지금의 나를 이루는 데 커다란 자양분이 된 '믿음'이다. 이것만큼은 아버지는 한 치의 양보를 불허하셨다. 아버지는 신사참배를 거부하다 순교하신 할아버지에게서 신앙을 물려받아서인지 투사 같은 신앙을 지니셨다. 아버지는 순교자 집안의 후손답게 첫째도 신앙, 둘째도 신앙으로 다져진 분이셨다.

"맏이가 돼 갖고 니가 똑바로 안 허믄 동상들이 뭣을 배우겄냐. 아부지가 지켜볼 텐께 잘해야 헌다. 알겄냐?"

"예, 제가 잘헐게요."

아버지는 당신이 보기에 잘못됐다고 생각하면 이유를 막론하고 꾸짖으셨다. 동생이 잘못한 것은 이유가 되지 않았다. 하지만 믿음의 본을 보이라고 하면서도 아버지는 구체적으로 뭘 어떻게 해야 하는지는 말씀해 주지 않으셨다.

아버지가 큰 신앙의 틀 속에서 뚝심 있는 생활인의 모습을 보여 주셨다면, 어머니는 순박한 생활 속에서 신앙인으로 어떻게 살아야 하는지를 잘 보여 주셨다. 아버지가 율법적이었다면 어머니는 은혜로 우리를 키우셨다.

지금도 어머니를 생각하면 가슴이 뭉클하다. 어머니는 매해 새해가 되면 집에서 잘 보이는 곳에 가족 이름을 한 명도 빠짐없이 쓰고는 막대그래프를 그려 놓으셨다. 성경 읽기표였다. 다들 자기가 읽은 만큼 표시를 해 나갔는데 언제나 어머니가 제일 높았다. 물론 아버지가 꼴찌였다. 아버지는 눈코 뜰 새 없이 일하시느라 도무지 성경을 읽을 짬이 나지 않았다.

또한 어머니는 눈이 오는 캄캄한 겨울 저녁이면 환한 눈밭으로 나가 성경을 읽고 가족을 위해 혼자서 눈물로 기도하셨다. 내가 친구들에게 괴롭힘을 당하거나 혹 매 맞고 들어오면 해 주시던 말씀이 지금도 생생하다.

"에미 말 잘 들어 봐라. 친구와의 싸움에서 이기는 것보다 예수 잘 믿는 게 더 중요혀. 그거이 이기는 거여, 똑똑히 기억혀라."

인생에서 무엇이 진정한 힘인지 어머니는 잘 알고 계셨다. 교육도 별로 받지 못한 어머니는 그 어떤 교육학 박사도 가르치지 못하는 것을 내게 가르치셨다.

믿음의 뿌리가 단단한 아버지와 어머니 밑에서 자란 나는 자연스럽게 기도하는 어린이였고, 기도하는 청소년이었다. 그러나 기도를 하고 찬송을 부르고 예배를 드렸지만 가슴이 뭉클하거나 심장이 뛰는 경험은 하지 못했다. 내 몸의 일부분인 것처럼 너무나 자연스럽게 식사기도, 잠자기 전 기도를 드렸다. 또 주일이면 교회에 나갔다. 주일을 어기는 일은 절대로 허용되지 않았기에 교회는 내 삶의 일부가 되었다.

나는 어디서나 착한 모범생으로 살았지만, 아버지의 기대감과 잘해야 한다는 강박증 때문에 가슴은 터질 것처럼 우울했고 반항적이었다. 나는 친구들에게도, 어머니나 형제들에게도 마음을 털어놓지 못하고 어떻게든 스스로 이겨 내려 애썼다. 바로 그 마음을 하나님께서 아셨다. 가끔 혼자서 우울해할 때면 하나님은 다가와 괜찮냐고 물어 봐 주시는 듯했다. 서서히, 아주 서서히, 하나님은 내게 말을 걸어 오셨다.

'너한테 너무 많은 것을 기대하는 아버지 때문에 힘드니?'

'넌 정말 잘하는 게 하나도 없다고 생각하니?'

하나 둘 마음속에서 솟구치는 나의 고민들을 툭툭 건드려 주셨다. 지금 생각해 보면, 어릴 때부터 교회 울타리 안에서 산다는 것은 큰 복임에 틀림없다. 제대로 믿음을 갖지 못한 시절이었지만, 매일 성경을 읽고 기도하는 습관은 평생 나를 지탱해 준 버팀목이었다.


## 수웅아, 너는 의대 가야 한다

"마음의 경영은 사람에게 있어도 말의 응답은 여호와께로부터 나오느니라"(잠 16:1).

"너의 행사를 여호와께 맡기라 그리하면 네가 경영하는 것이 이루어지리라"(잠 16:3).

"사람이 마음으로 자기의 길을 계획할지라도 그의 걸음을 인도하시는 이는 여호와시니라"(잠 16:9).

잠언 16장 말씀을 보면 '경영', '맡기다', '인도', '이루어지다'라는 단어들이 수차례 등장한다. 아무도 우리 인생의 계획을 대신 짜 줄 수 없다. 그럼에도 아버지는 내 인생을 계획하셨다. 나는 진로를 고민할 필요가 없었다. 아버지가 이미 답을 가지고 있었기 때문이다.

일제시대에 신사참배를 반대하다 순교하신 할아버지로 인하여 극한 가난 속에서 초등학교도 간신히 졸업한 아버지는 내가 경제적으로 고생하지 않고 사람들에게 귀한 대접을 받으며 살기 원하셨다. 그 모든 기대를 충족시킬 수 있는 것은 단 하나, 의사였다. 나는 무조건 의대를 가야 했다.

나는 그 시절 친구들이 흔히 겪는 배고픔과 공납금 독촉 때문에 속상해한 적이 없다. 아버지는 자식들이 공부하고 성공할 수 있도록 최선의 환경을 만들어 주기 위해 정말 열심히 일하셨다.

나는 아버지의 기대를 저버릴까 봐 전전긍긍했다. 결국 서울의 상위권 대학에 들어갈 수 있는 실력임에도 가장 안전하게 전남대 의대에 진학했다. 대학 낙방은 절대, 꿈에도 생각할 수 없는 일이었기 때문이다.

잠언 기자가 말한 대로, 사람이 계획해도 하나님께 맡기지 않으면 그 계획은 어떻게 이루어질지 아무도 알 수가 없다. 아버지의 뜻대로 의대에 진학했지만 그것이 하나님의 인생 경영 속에 포함된 것이라는 걸 그땐 몰랐다. 하나님에 대해서도 아버지에게서 배운 하나님이 전부인 줄 알았다. 하지만 하나님은 크고 비밀한 당신의 모습을 내게 밝히 보여 주셨다.

인생은 인생 전문가에게……

성경 기자가 '사람의 계획'을 '하나님'께 맡기라고 한 것은 그분이 '전문가'이기 때문이다. 우리는 전문가들을 찾아가 그들에게 지혜와 조언을 구하고 확실한 대안을 얻기 위해 막대한 에너지와 비용을 들인다. 하지만 우리가 잊지 말아야 할 것은 인생의 전문가는 '하나님'이시라는 것이다. 그분보다 인생을 계획하고 경영하는 데 탁월한 전문가는 없다.

왜냐하면 그분이 시간을 만드셨기 때문이다. 그분은 시간 위에 계시며, 수많은 인생들을 태초부터 지금까지 창조하고 계시다. '해가 뜨고 해가 지는' 단순한 자연의 원리도 하나님의 경영 아래 있다. 어느 누구인들 시간의 창조자보다 더 깊이 인생을 이해하고 시간을 계획할 수 있을까?

우리를 태어나게 하시고, 때로 우리가 사랑하는 이들을 데려가시는 그 세밀한 계획들이 하나님의 경영이다. 하나님의 계획이 곧 경영인 것이다. "주 하나님이 이르시되 나는 알파와 오메가라 이제도 있고 전에도 있었고 장차 올 자요 전능한 자라 하시더라"(계 1:8)라는 말씀을 우리는 기억해야 한다.

나라는 존재는 하나님의 경영 아래에서 때에 맞게 성장하고, 때에 맞게 고민하며 사는 것이다. 하나님은 아버지의 명령에 반항하고 싶던 나의 모든 마음들까지도 아시고 그분의 경영 아래 두셨다. 내가 깨닫든 그렇지 않든 그 모든 현상들이 하나님의 계획에 따라 순조롭게 이루어지고 있었다. 하나님이 인생들을 경영하실 때 가장 중요하게 여기시는 부분이 바로 '때'다.

"여호와의 말씀이니라 보라 때가 이르리니 내가 다윗에게 한 의로운 가지를 일으킬 것이라……그의 날에 유다는 구원을 받겠고 이스라엘은 평안히 살 것이며 그의 이름은 여호와 우리의 공의라 일컬음을 받으리라"(렘 23:5-6).

"때가 차매 하나님이 그 아들을 보내사 여자에게서 나게 하시고 율법 아래에 나게 하신 것은……그러므로 네가 이 후로는 종이 아니요 아들이니 아들이면 하나님으로 말미암아 유업을 받을 자니라"(갈 4:4-7).

알파와 오메가가 되시는 하나님은 하나님의 때를 따라서 역사를 BC와 AD로 경영해 가시는 최고의 경영주시다. 서두르지도, 늦지도 않고 때에 맞게 우리 인생을 경영하신다. 그것이 성경이 우리에게 알려 주는 하나님의 경영이다.

과학이 하루가 다르게 새로운 단계로 발전하면서 사람들은 더 효과적인 삶과 더 탁월한 방법들을 원한다. 동일한 시간에 남들보다 더 효과만점인 방법으로 성공을 누리길 원한다. 현대 사회에서 가장 각광 받는 분야 중 하나가 자기개발이요 성공 지침서인 이유도 그 때문이다.

　　그리스도인들이 현대 사회에서 인정받고 더 탁월한 영향력을 발휘하기 위해서는, 그야말로 성공적인 인생이 되어야 한다. 우리의 인생을 하나님께 내어 맡겨야 비전 인생으로, 진짜 성공한 인생으로 살 수 있다. 사람의 계획이 아니라, 여호와께 맡겨 그분이 이루시게 해야 한다.

　　하나님의 시간표에 따라, 하나님이 그 인생을 경영하셔서 성공적인 삶을 산 많은 성경 인물들을 본다. 아브라함, 요셉, 모세, 여호수아, 갈렙, 베드로, 바울……. 하나님은 그 인물들처럼 우리의 삶 또한 단계별로 때에 맞게 경영해 나가신다.

　　하나님의 인생 경영서에는 '실패'도 없고 '비효율적'인 것도 없다. 그분은 '전능자'이시며 '실수가 없으신' 분이기 때문이다. 그 인생 경영의 비밀을 알면 우리는 1시간을 2배로, 하루를 이틀로, 1년을 2년으로 사는 듯한 충만한 삶을 살 수 있다. 하나님은 인생들에게 이전에 알지 못하던 말할 수 없는 기쁨을 허락해 주신다.

# 나의 드림,
# 하나님의 꿈

"수웅아, 내가 너를 사랑한단다. 너는 먼저 그의 나라와 의를 구하라."
나를 향한 하나님의 뜻이 분명 있기에 살아가면서 하나님의 뜻을 구체적으로
알아 가고 그분을 닮아 가며 그분을 영화롭게 하기로 작정했다.

　아버지의 기대대로 나는 의대에 진학했다. 그리고 의예과 2학년
겨울방학 때 나는 드디어 의사가 되고 싶었다. 의사가 되기 위해 의
대에 진학해 놓고는 이제 와서 의사가 되고 싶다니 무슨 말인가 싶
을 것이다. 하지만 의대 진학은 내 뜻도 아니고 내 꿈도 아닌 온전
히 아버지의 꿈이었고 뜻이었다. 그런데 2학년을 마치기 전에 아버
지의 꿈이 나의 꿈이 되었다. 나는 진정한 의사가 되기로 했다. 그

것은 육신의 아버지의 꿈을 넘어 내게 인생과 참 진리를 알게 해 주신 하나님 아버지의 꿈이었음을 깨달았기 때문이다.


## 겨울방학, 잊을 수 없는 만남

고등학교 때 나와 실력을 겨루던 친구들은 모두 서울 일류대학에 진학했다. 하지만 서울대가 아닌 전남대 의예과에 진학한 나는 서울로 가지 못했다는 열등감 때문에 뼈가 저리게 힘들었다.

또한 서울로 진학한 친구들이 방학 때면 고향에 내려와 술 마시고 담배 피고 여자 친구들을 데리고 다니며 으스대는 모습을 보면 그들이 부럽기도 하고, 예나 지금이나 촌스런 내 모습이 한심하기도 했다.

그때부터 나는 누구인지, 나는 왜 서울로 가지 않았는지, 인생의 목적이 무엇인지 깊은 고민에 빠졌다. 아버지의 권위에 내 인생을 맡기고 진로도 맡기고 무작정 따라가는 것이 옳은지 나는 회의하고 또 회의했다. 그런 열등감 때문에 우울증도 생기고, 성적은 바닥으로 떨어져 낙제를 겨우 면할 정도가 되었다. 그런 회의와 함께 하나님에 대한 의문도 커져 갔다.

'하나님! 살아 계시기는 한 겁니까? 저는 왜 이 모양이지요? 친구들은 다 근사하고 멋지게 변했는데 저만 왜 여기서 공부하고 있는 겁니까? 답답해 죽을 것 같아요. 뭐라 말씀 좀 해 보세요!'

어릴 때부터 신앙생활을 했기 때문에 한 번도 신앙에 대해 반발하거나 회의를 느껴 본 적이 없는데, 부모님을 떠나 처음으로 홀로 서기를 하면서 신앙에 회의를 느꼈다. 바로 정체성의 위기가 온 것이다.

대학에서 CCC(한국대학생선교회) 활동을 하고, 교회 대학부에서도 임원으로 활동했지만 나는 힘의 원천이신 하나님과 인격적인 교제를 전혀 이루지 못했다.

나의 회의는 공교롭게도 CCC 활동을 하면서 더 커졌다. CCC는 내 신앙을 견고히 해준 귀중한 단체다. 교회에서 신앙을 알았다면 CCC에서는 제자로서의 삶을 배웠다. 그런데 CCC에서 제자훈련을 받으면서 하나님이 누구신지, 어떤 분이신지 더욱 회의하게 되었다. 하나님이 분명 계신 것 같은데 확신이 생기지 않았고, 그랬기에 하나님께 늘 죄송했고, 죄책감에 짓눌렸다. 그 시절 나는 늘 손을 배배 꼬고, 말도 더듬고, 다른 사람 앞에서 얼굴도 제대로 못 드는 불안하기 짝이 없는 사람이었다.

그런 중에도 나는 주일이면 교회로 향했다. 주일 하루를 꼬박 교회에서 보냈다고 해서 기도를 하거나 성경을 묵상한 것은 아니었다. 어렸을 때부터 몸에 익은 습관대로 주일은 공부하지 않는 날 그 이상도 그 이하도 아니었다. 하나님께는 죄송하지만 주일은 내게 'holy day'(거룩한 날)가 아니라 'holiday'(휴일)였다. 그렇게 2년의 세월이 흘렀고 마침내 2학년 겨울방학을 맞이했다.

똑같은 사람, 똑같은 하루인데도 내면의 변화는 언제나 모든 것을 새롭게 보이게 만든다. 의예과 2학년 겨울방학, 영적으로 만신창이가 되어 버린 나는 죽으면 죽으리라는 마음으로 그때 마침 열린 부흥회에 참석하기로 했다.

'이번에 하나님을 만나 확신이 생기면 예수를 믿고, 그렇지 않으면 관둔다.'

비장한 각오로 참석한 부흥회는 당시 총회신학교 차남진 목사님이 인도하셨고, 일주일간 계속됐다.

"주님, 저를 만나 주십시오. 기적을 보여 주십시오. 확신이 있어야 주님을 믿을 거 아닙니까!"

절규에 가까운 부르짖음은 일주일간 계속되었다. 마침내 마지막 날 새벽예배 시간에는 거의 자포자기 상태로 한숨만 푹푹 나왔다. 그날 새벽예배의 설교 제목은 '확신'이었다. 차남진 목사님은 당신이 미국 유학을 떠나던 당시를 말씀해 주셨다.

1950년 화물선을 타고 미국 유학길에 오른 목사님은 태평양을 지날 무렵 심한 멀미에 시달리셨다고 한다. 그러기를 일주일, 나중에는 탈수 증세로 초주검 상태가 되어 미국 가기 전에 먼저 천국에 가겠구나 싶었다. 그런 혼미한 상태 속에 배 밑창에서 쓰러져 있는데 멀리서부터 천사의 찬송 소리가 들려왔다. 그 소리는 점점 가까이 들려왔다.

나그네와 같은 내가 힘이 부족하오니
전능하신 나의 주여 내 손 잡고 가소서
하늘 양식 내게 먹여 주소서
하늘 양식 내게 먹여 주소서

수정 같은 생명수로 항상 대어 주시고
불과 구름 기둥으로 갈 길 인도하소서
나의 주여 힘과 방패되소서
나의 주여 힘과 방패되소서(찬송가 '나그네와 같은 내가')

춥고 배고프고 탈진된 상태에서 들려오는 찬송 소리가 마치 하나님의 인도처럼 들렸다.
'아, 하나님이 나와 함께하시는구나, 나를 지켜 주시는구나. 나는

혼자가 아니구나!'

그때까지 하나님에 대한 확신이 없던 목사님은 힘을 얻어 자리를 박차고 일어날 수 있었다. 그 간증을 하면서 차 목사님은 이렇게 말씀하셨다.

"여러분, 확신을 가지십시오. 하나님은 살아 계십니다. 여러분과 함께하십니다!"

그때 놀라운 일이 일어났다. 그 '확신'이라는 단어가 내 가슴에 강하게 꽂히면서 마치 하나님이 나에게 하시는 말씀 같았다. '수웅아, 확신을 가지렴. 나는 살아 역사하는 하나님이다'라고 말씀하시는 것 같았다. 그 단어는 내 안에 들어와 세포를 하나하나 변화시켰다. 그때 나는 콧물, 눈물 다 흘리며 하나님 앞에서 뒹굴었다. 하나님을 불신하던 죄가 생각나고, 죄책감과 열등감으로 속을 끓이던 일이며, 미래의 비전으로 인해 괴로워하던 일들이 생각났다. 나는 하나님 앞에 그 죄들, 열등감, 죄책감, 무력감을 모두 토해 놓았다. 2시간여를 마룻바닥에서 뒹굴고 통곡하며 주님 앞에 죄를 고백하고 찬양했다.

그때 믿음이 선물임을 알았다. 신기하게도 그때부터 의심이 사라지고 온 세상이 밝고 아름답게 느껴졌다. 잿빛 세상은 온데간데없어졌다. 하나님께서 내 삶에 주권적으로 역사하셨다. '확신을 가지라'는 말은 누군가에게는 그냥 지나칠 수 있는 말일지 모르지만 내게는 삶을 송두리째 바꾸어 놓는 말이었다. 혹시 믿음에 확신이 없다면, 진심으로 하나님을 찾길 바란다. 하나님은 하나님을 찾는 자를 반드시 만나 주신다.

"그런즉 누구든지 그리스도 안에 있으면 새로운 피조물이라 이전 것은 지나갔으니 보라 새 것이 되었도다"(고후 5:17).

그리스도 안에서 나는 새로운 피조물이 되었다. 말씀처럼 나의 삶은 의예과 2년 겨울방학 전과 겨울방학 이후로 극명하게 달라졌다. 새로운 피조물이 된 내게 하나님은 마태복음 6장 33절 말씀을 주셨다.

"그런즉 너희는 먼저 그의 나라와 그의 의를 구하라 그리하면 이 모든 것을 너희에게 더하시리라."

"수웅아, 내가 너를 사랑한단다. 너를 위한 나의 계획이 있단다. 너는 먼저 그의 나라와 의를 구하라." 하나님은 이렇게 말씀하셨다. 나는 아버지의 평가 앞에 작아지는 장남이 아니라 하나님의 당당한 아들이었다. 내가 사람들의 눈에 보기 좋은 사람이 아니라, 하나님의 마음에 합한 아들로 성장해 가야 함을 깨달았다. 나를 향한 하나님의 뜻이 분명 있기에 살아가면서 하나님의 뜻을 구체적으로 알아 가고 그분을 닮아 가며 그분을 영화롭게 하기로 작정했다.

내가 누구인지, 하나님이 누구신지를 알자 나의 신앙이 견고해졌다. 모래 위에 지은 집 같던 나의 가치관과 정체성이 하나님과 인격적으로 만난 뒤 반석 위에 지은 집으로 재건축되기 시작했다.

또한 내가 왜 서울이 아닌 광주에서 의학 공부를 하게 되었는지 하나님 안에서 새롭게 발견할 수 있었다. 일류대 의대에 진학한 친구들은 술, 담배는 물론 무분별한 성생활도 서슴지 않았다. 나중에는 책임질 일을 피하기 위해 군대로 도망치기까지 했다. 반면 나는 의과대학 6년 동안 다방에도 제대로 못 가본 천연기념물이다. 친구들이 들락거리던 이상한 곳(?) 근처에는 눈길도 주지 않았다. 피끓는 20대 청년 시절을 천연기념물처럼 살아야 하는 이유를 하나님을 만나고 나서 알 것 같았다.

나는 바보처럼 살아가는 것이 아니었다. 하나님의 훈련 현장 속에 있었던 것이다. 새로운 피조물로 만들기 위해 하나님은 나를 구별하여 '광주'라는 광야로 보내셨고, 그곳에서 하나님을 찾도록 인도하신 것이다.

"우리가 알거니와 하나님을 사랑하는 자 곧 그의 뜻대로 부
르심을 입은 자들에게는 모든 것이 합력하여 선을 이루느
니라"(롬 8:28).

내가 그 시절 받았던 가장 강력한 말씀이다. 하나님의 뜻대로 부
르심을 받은 사람들에게는 모든 일이 협력해서 선을 이룬다. 내가
겪고 있다고 느끼는 고난은 위장된 축복임을 깨달았다. 나 스스로
를 바보라고 여겼던 열등감이 모두 치유되었다. 광주로 내려간 것
은 실패가 아니라 복이었다. 그런 믿음이 생겼기에 이후 고난을 당
해도 복을 주시기 위한 통로라고 생각하고 잘 극복할 수 있었다.

'하나님, 정말 살아 계셨군요. 제 기도를 듣고 계셔서 감사합니
다. 하나님이 왜 저를 이곳으로 보내셨는지 알았습니다. 하나님만
이 제 인생의 주인이십니다!'

"수웅아! 너 왜 이렇게 변했냐? 뭔 일 있냐?"

어머니가 놀라실 정도로 나의 모든 것이 바뀌기 시작했다. 내게
는 자연스러웠지만 사람들에게는 놀라운 일이었다. 주님이 인격적
으로 나와 관계하기를 원하셨기에 나의 인격을 다듬어 가셨다. 나
는 젊은 혈기도 패기도 뒤로한 채 그분의 어루만지심과 훈련에 기
꺼이 참여하고 싶었다. 나의 가치관이 바뀌었기 때문이다.

가치관이 바뀌었다 함은, 하나님이 만드신 나 박수웅을 있는 모습 그대로 받아들이게 되었다는 말이다. 하나님 안에서 바로 보니 나는 꽤 괜찮은 사람이었다. 못생긴 줄만 알았던 얼굴도 미남으로 보였고, 내가 가고 있는 길에도 어느 정도 확신과 자부심이 생겼다. 그러자 밖으로만 향하던 내 인생의 무게중심이 내 안으로, 그리고 내 속에서 선한 일을 시작하신 하나님께로 순식간에 옮겨졌다. 하나님의 은혜였다.

## 내 인생의 말씀, 마태복음 6장 33절

마태복음 6장 33절은 내 인생에서 우선순위가 무엇인지를 깨닫게 해준 말씀이다. 하나님이 왜 내게 그 말씀을 하셨는지 시간이 흐를수록 더 잘 이해하게 되었다. 하나님은 내가 무엇을 구하고, 무엇을 위해 살아야 하는지를 알기 원하셨다. 그리고 그 말씀이 이해될 때마다 나는 하나님 앞에 무릎 꿇고 회개 기도를 드렸다.

'무엇이 내게 최고의 우선순위인가?'라는 우선순위가 정해지면 하루라는 짧은 시간부터 몇 년에 걸친 긴 시간까지 무엇을 하고 어떻게 살아야 할지 결정된다. 우선권의 순서대로 살면서 덜 필요한 것, 덜 중요한 것은 안 하게 되기 때문이다. 이런 훈련을 계속

하면 단순한 삶이 유익하다는 것을 발견할 수 있다.

산을 오르는 알피니스트들의 심정처럼, 목표가 생기자 나는 등정 계획을 짜야 했다. '그의 나라와 그의 의를 구하라'는 목표를 이루기 위해 어떤 전략을 세워야 할지 기도하고 또 기도했다. 젊은 나이였지만 그동안 쌓아 온 많은 말씀들은 내 머릿속에, 내 영에 융해되어 영적 자양분이 되었다. 감사하게도 어려서 외운 성경 구절들이 적절한 때에 기억 나 지혜를 주었다. 이때를 위해 하나님은 내가 느끼든 느끼지 못하든 신실하게 나를 양육하고 계셨던 것이다.

"먼저 그의 나라와 의를 구하"면 그 후의 일은 말씀대로 "더하시리라" 했으니 믿음으로 나아가야 했다.

사람들은 힘 있는 사람, 능력 있는 사람, 정상에 오른 사람들의 이야기에 귀를 기울이고 그들처럼 되고 싶어 한다. 이것이 영향력이고 세상의 이치다. 성공한 사람에게는 큰 영향력이 있지만 가난하고 병든 사람, 버림받은 사람에게는 영향력이 없다.

'하나님! 낮은 자를 통해 일하시지만 선한 영향력이 있는 사람이 되기 위해 저를 만들어 주십시오. 저를 성장시켜 주십시오. 하나님이 필요하신 대로 훈련시켜 주십시오. 하나님께 쓰임 받는 사람이 되고 싶습니다!'

영향력을 갖추기 위해선 실력을 키워야 했다. "먼저 그의 나라와 그의 의"를 구하기 위해서는 내가 구하는 것이 가치 있어 보여야 했다. 그것을 통해 "모든 것을 더하시리라"는 말씀이 어떻게 이루어지는지를 증명해야 했다.

나에게 "먼저 그의 나라와 그의 의를 구하"는 일은 이제 가치관을 넘어서 목표가 되었다. 목표가 생기고 방향이 정해지자, 나와 같은 젊은 대학생들에게 복음을 전하고 싶었다. 복음 전도를 향한 강한 비전이 생겼다. 그들의 가치관이 변하고 인생에 분명한 목표가 생기면 세상이 더 건강해질 것이다. 그 일을 이루기 위해 공부를 게을리할 수 없었다. 영향력 있는 선배, 영향력 있는 친구가 되어야 했다. 그래야만 후배들도 내 말에 귀를 기울이고, 친구들도 나의 시간 사용법이나 전략들에 관심을 보일 터였다. 나아가 선한 영향력으로 방황하는 많은 사람들의 삶을 도울 수 있을 터였다.


철저한 시간 관리, 젊음 관리

목표가 분명해지자 하루 24시간을 어떻게 사용하고, 일주일, 한 달을 어떻게 계획하고 살아야 할지 오랜 시간 고민하며 구상했다. 그리고 그대로 하루하루를 살게 되자 달라졌다. 하루가 끝날 무렵이면 하나님 앞에서 부끄러운 일보다 칭찬 받을 일들이 더 많아졌다. 책상 앞에 앉아 공부에 집중하면서도 먼저 그의 나라와 그의 의를 구하라는 말씀을 붙들었다.

공부도 열심히, 전도도 열심히 하는 나를 보고 친구들은 대단하다고들 했다. 그 당시엔 지금처럼 놀이 문화가 발달하지 못해 술, 담배, 당구는 물론 홍등가에 가는 친구들이 적지 않았다. 하지만 나는 그런 데는 눈길도 주지 않았다. 바쁜 시간을 쪼개 합창단도 하고, 농구도 하고, CCC 봉사활동, 선교여행을 다니며 건강하게 생활했다. 또 방학이면 의료봉사를 나갔다.

나는 공부할 땐 철저히 열심히 했다. 공부하다가 지치면 머리를 식히기 위해 잠깐 쉬는 일도 하지 않았다. 하나님은 내게 최고의 집중력을 주셨고, 물리적인 시간의 한계를 효과적으로 활용할 수 있는 지혜도 주셨다.

새벽 공부를 포함해 바람직한 저녁 공부를 하며 건강을 해치지 않는 범위에서 수면을 줄여 나가다 보니 어느덧 시간 관리가 몸에 배었다. 절제되고 근검한 생활, 목표를 향해 지치지 않는 열정과 건강한 체력은 날마다 의대 공부에 진전을 가져왔다.

요즘 청소년들에게 내가 해줄 수 있는 조언은 공부에는 동기가 분명해야 한다는 사실이다. 집중력도 좋고, 뇌호흡도 좋고, 체력도 좋지만 동기가 분명하지 않으면 언젠가 그 공부가 자신을 향해 쏜

화살이 되기 쉽다.

"야, 박수웅! 너는 학교를 다니냐, 교회를 다니냐?"

친구들의 핀잔 어린 말도 귓등으로 흘려보내고 나는 주일이면 아침 일찍부터 교회와 CCC에서 하루 종일 봉사했다. 중학교 2학년 때부터 몸에 밴 주일성수의 훈련 덕분이었다. 하지만 주일 하루를 공부하지 않고 지내는 것은 사실 당시로서는 모험이었다. 주일 다음날인 월요일이면 시험을 치렀는데, 그 과목은 낙제자가 많이 나오기로 악명이 높았다. 아마 20명씩은 낙제를 한 것 같다. 의과는 다른 학과와 달리 한 과목만 낙제를 해도 다른 과목 모두 낙제한 것으로 여겼다. 그래서 의대생들은 긴장하지 않을 수 없었다.

나의 충직한 중심을 보시는 하나님은 지혜를 주셔서 주일에 공부를 하지 않아도 성적이 좋도록 인도하셨다. 주일에 공부하지 않는 대신 나는 평소에 꾸준히 공부하는 습관을 갖게 되었다. 시험 때에 맞춰 미리미리 준비하는 훈련을 했고, 특히 시간 관리를 철저히 했다. 주님은 시간 관리만 해 주신 게 아니라 젊은 패기로 쓸데없이 시간을 낭비하거나 에너지를 쏟지 않도록 정서적인 면까지 세심하게 관리해 주셨다. 나 자신을 절제하는 능력이 그때 생겼다. 언제나 계획을 세우고 시험에 대비하는 습관은 이후 내 인생을 지탱하는 밑거름이 되었다.

철저하게 절제하며 생활하는 나를 친구들은 싫어하지 않았고, 오히려 전도했을 때 선뜻 따라와 주었다. 동기생 중 30% 이상이 CCC에 한두 번씩 드나들었다. 나는 우리가 왜 좋은 의사가 되어야 하고, 젊음을 낭비하면 안 되는지에 대해 친구들과 이야기하기를 좋아했다. 건강한 삶, 목표 지향적인 삶의 바탕에 기독교적 가치관이 아직 없다 할지라도 친구들은 나와 이야기하기를 좋아했고 덕분에 나는 친구들 사이에서 인기가 꽤 높았다. CCC 회장으로도 활동하고 소그룹 활동에도 적극적이다 보니 여학생들에게 인기가 높아데이트 신청을 받기도 했다.

나는 성경적인 이성 교제를 했다. 만나는 모든 관계를 하나님이 어떻게 보시는가에 초점을 맞추었다. 젊은 혈기로 실수할 만한 상황은 아예 만들지 않는 편이 낫다고 생각했고, 하나님을 신실하게 믿는 여학생과 사랑을 나누고 싶었다. 다양한 만남을 피하지는 않았지만 하나님 앞에서 신실하게 훈련 받고 싶었다.

이렇게 하나님의 말씀대로 살려고 노력하고 순종했더니 하나님께서 나를 다듬어 주시고 훈련시키셔서 삶에 꼭 필요한 귀한 성품과 습관을 선물로 주셨다.

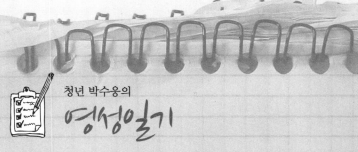

청년 박수웅의
# 영성일기

나는 예수님을 만난 후 내가 어떻게 하나님과 동행하고 있는지 점검하고자 영성일기를 썼다. 먼저 기상과 취침 시간을 적고 그날 읽은 말씀, 용돈 규모를 기입했다. 운동과 독서, 공부 내용을 포함해 하루 생활을 요약해서 적은 후 스스로 총평했다. 전통적인 '수우미양가' 방식으로 채점했는데 얼마나 엄격했는지 '수'는 고사하고 '우'도 찾아보기 어렵다. 당시 내 삶을 주님께 드리고자 기울인 노력이었다고 믿는다.

| 월일 | 기상, 취침 | 성경 | 용돈 (원) | 운동 | 공부, 독서 | 하루생활 요약 | 총평 |
|---|---|---|---|---|---|---|---|
| 3.1 | 7:00, 12:00 | 눅 15장 | 이발료 (60) | · | 『믿음으로 산 위인들』 독서 | 결혼식, 장례식 참석 | 미, 겸손, 모순 |
| 3.2 | 7:40, 12:30 | 눅 16장 | 진단학 (20) | 농구 | 『믿음으로 산 위인들』 독서 | 변 목사님 초대로 여러 회원과 저녁 | 미, 새롭게 출발 |
| 3.3 | 7:40, 11:30 | 눅 17~18장 | 엽서 등 (30) | · | 『믿음으로 산 위인들』 독서 | 콰이어 연습, 잘해 보려고 다짐 | 우, 희망 |
| 3.4 | 7:30, 12:00 | 눅 19~20장 | 하숙비 (630) | 농구 | 『믿음으로 산 위인들』 독서 | 하숙을 옮기다. CCC 첫집회 | 미, 보금자리 |
| 3.5 | 7:10, 11:40 | 눅 21~22장 | 노트 (25) | · | 외과 총론 공부 | 평범한 하루, 하숙짐 운반 | 미, 평범 |

| 월일 | 절제 | 침묵 | 결단 | 절약 | 근면 | 진실 | 중용 | 청결 | 침착 | 겸손 | 사랑 | 인내 | 이중인격 | 성경 | 찬송기도 |
|---|---|---|---|---|---|---|---|---|---|---|---|---|---|---|
| 3.1 | △ | △ | × | △ | ○ | △ | ○ | ○ | △ | △ | △ | △ | △ | ○ | ○ |
| 3.2 | △ | △ | ○ | △ | ○ | △ | ○ | × | △ | △ | ○ | △ | △ | ○ | ○ |
| 3.3 | × | △ | ○ | △ | ○ | △ | ○ | ○ | △ | ○ | △ | △ | ○ | ○ | ○ |
| 3.4 | △ | △ | ○ | △ | ○ | △ | △ | × | △ | ○ | △ | △ | ○ | ○ | ○ |
| 3.5 | △ | △ | ○ | △ | ○ | △ | × | △ | ○ | △ | △ | △ | × | ○ | ○ |

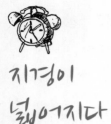

# 지경이
# 넓어지다

낯선 땅에서 병원 생활에 적응하기도 힘든데, 공부하랴, 아빠 노릇하랴,
몸이 열 개라도 감당하기 힘들었다. 비전이 확실해도 낯선 이국 땅에 오니 자꾸 근심이 되었다.
그러나 하나님이 주신 마음이 아님을 알기에 나는 야베스처럼 하나님께 내 앞길을 열어 달라고,
내 지경을 넓혀 달라고 엎드려 기도했다.

"야, 네가 미국에서 살 줄 정말 몰랐다!"

이 말은 정말이지 내가 하고 싶었다. 내가 미국에서 살 줄은 꿈
에도 몰랐다. 그러나 하나님의 계획은 나의 생각 그 이상이었다.
의대 본과 4학년 때 하나님은 뜻밖의 기회를 통해 내게 미국으로
가는 기회를 열어 주셨다.

## 예측불능 신묘막측 4학년

나는 꿈에도 유학 계획을 세워 본 적이 없다. 그런데 그 무렵 미국 내 의료진들이 월남전에 참전하느라 의사 부족 현상이 일어났다. 미국은 이에 대한 대책으로 ECFMG(Examination Committee for Foreign Medical Graduates)라는 특별 시험 제도를 발표하고 외국인 학생들에게도 미국 의사자격증 시험을 치를 기회를 주었다. 당시 미국은 자국 의대 졸업생들에 한해 자격증을 부여했기에, 이 조치는 매우 파격적이면서 한시적인 것이었다. 그 시험에 응시하여 통과만 하면 미국 의대를 졸업한 것과 동일한 자격을 주었는데 내가 그 시험에 통과한 것이다. 국내에서 의사자격증을 취득하기도 전에 미국 의사자격증부터 얻은 셈이었다.

이 시험에 응시한 이유는 간단했다. 실력 있고 영향력 있는 의사가 되기 위해 미국에서 의사로 성공하고 싶었다. 1960년 당시 미국 의료는 실력 면에서 한국보다 훨씬 앞서 있었다. 미국에서 수련을 한다면 국내에서보다 더 많이 배울 수 있으리라 판단했다.

그리고 하나님은 내게 또 하나의 기쁨을 주셨다. 미국 의사자격증 시험을 가을에 보아야 했기에 4학년 여름방학은 시간이 모자랐다. 그런데 교회 목사님께서 자매를 소개할 테니 만나 보라고 하셨다.

"의사가 되기 전에 좋은 배우자를 만나야지. 자, 이 자매 한번 만나 봐. 놓치기 아까운 사람이야."

뜬금없는 목사님의 제안도 당황스러웠지만 나는 시험 준비로 데이트할 시간도 없었다. 하지만 목사님의 강권에 못 이겨 시간을 내었고, 그때 평생의 반려자를 만났다. 그날 만난 여인이 바로 내 아내다.

아내는 첫인상부터 내 마음에 흡족하게 좋았다. 시각적인 면에 약한 나를 잘 아시는 하나님께서 준비하신 배필이었다. 게다가 성격도 강단 있고, 신앙심도 돈독할뿐더러 매우 여성적이어서 내 마음을 흔들기에 충분했다.

나는 대학 1학년 때부터 배우자를 위해 계속 기도해 왔다. 하지만 하나님을 인격적으로 만나기 전까지 지방 의대생이라는 열등감과 좌절감 때문에 짝사랑만 했지 데이트를 제대로 해 보지 못했다. 하지만 하나님을 만난 후, 적극적으로 데이트를 하기 시작했다. 많은 여학생을 만난 건 아니지만, 여학생과 만날 때 나는 신앙 간증을 꼭 했다. 상대방이 내 이야기에 시큰둥하거나 별 반응을 보이지 않으면 다시 만나지 않았다. 나는 신앙의 수준과 비전이 같아야 한다고 생각했기에 하나님이 주신 짝인지 신앙 이야기를 통해 확인했다. 그렇게 6년의 시간이 흘렀고, 드디어 아내를 만난 것이다.

아내와의 첫 만남에서도 나는 신앙 간증을 했다. 내가 어떻게 예수님을 믿게 되었고 왜 의대 공부를 하고 있는지, 앞으로 무엇을 하고 싶은지 그야말로 자기 고백과 비전 선포의 시간이었다. 신기하게도 아내는 아무 말 없이 최고의 경청자가 되어 주었다. 아내 역시 자신의 신앙을 간증했다. 대학 시절 매일 새벽예배를 드리고, 근처 배밭을 산책하며 찬양을 드렸다고 했다. 우린 마치 마음이 잘 맞는 오랜 친구처럼 오랫동안 이야기를 했다.

고맙게도 아내는 그날 내심 나를 남편으로 결정했다고 한다. 결혼을 위해 오랫동안 기도와 묵상을 한 아내에게 하나님은 한눈에 알아보도록 하신 것이다.


## 탁월한 마취과 의사에게 마취되다

아내와 데이트를 하면서 나는 그동안 숨어 있던 '겉사람' 박수웅과 치열하게 싸워야 했다. 사랑하는 사람을 옆에 두고 건강한 남자가 젊은 혈기를 다스리기란 쉽지 않았다.

아내의 신앙은 나만큼이나 돈독했다. 당시 아내는 대학 졸업 후 대기업에 취직한 전도유망한 재원이었다. 주변에 많은 남자들이 아내에게 관심을 보였지만 신앙이 없다는 이유로 모두 거절했다.

그런 아내가 나를 만난 지 3시간 만에 결혼을 결정했다는 것이다. 아내는 나에 대해 묻는 부모님께 "요즘 사람이 아닌 것 같아요"라고 대답했을 정도로 나의 신앙을 높이 평가했다. 나 역시 아내와 대화를 나누면서 '지난 6년 동안 기도해 오던 바로 그 여자구나'라는 것을 느꼈다. 그런데 데이트 기간이 길어지면서 철저하게 절제의 훈련을 받았다 자부하던 내가 자꾸 흔들렸다.

"신실한 형제인 줄 알았는데 아닌가 봐요!"

아내의 매서운 지적에 나는 얼굴이 붉어졌다. 성숙한 신앙을 가진 아내 덕분에 우리는 더 힘든 시간을 보내지 말고 결혼하기로 했다. 나는 인턴, 군의관, 레지던트 과정을 거쳐야 했다. 거의 10년이나 걸리는데, 수입이 얼마 되지 않아 고생시킬 것이 뻔했다. 나의 이런 마음을 이야기했더니 아내는 이렇게 말했다.

"사랑하는 남편과 고생하는 건 영광입니다."

그 말이 큰 감동을 주었다. 세브란스 병원 인턴 과정을 밟을 때 우리는 결혼했다. 24세 되던 1968년의 일이다. 돈이 없이 결혼을 했는데 돈이 생겼고, 공부에 매진해야 할 때 결혼하니 더욱 공부에 집중할 수 있었다. 현명한 아내를 주신 하나님의 은혜였다.

그래서 나는 청년들을 만날 때면 결혼을 늦추지 말고 가능한 한 빨리 하라고 충고한다. 성 충동을 자제하지 못하면 예기치 못한 문제들이 발생하고 하나님이 원하시는 인생으로 경영하기 힘들어지기 때문이다.

"돈이 없습니까? 결혼하면 돈을 법니다. 공부하십니까? 결혼하면 공부를 더 잘하게 됩니다. 성경은 낮아져야 높아지고, 죽어야 산다고 말씀합니다. 기독교는 역설의 종교입니다……."

하나님은 중요한 선택을 앞두고 있을 때마다 늘 간단명료하게 기준을 제시해 주셨다. 누구보다 나를 잘 아는 하나님이셨다. 아내를 알아볼 때도, 결혼을 결정할 때도, 그리고 진료 과목을 정할 때도 그랬다.

당시 친구들은 진료 과목을 정할 때 돈을 많이 버는지, 인기가 많은지, 앞으로 장래가 밝은지부터 점검했다. 하지만 나는 '의사'라는 직업으로 돈 버는 일에 관심을 기울여서는 안 된다고 생각했다. 나는 '의사'로서 하나님께 영광을 돌릴 뿐만 아니라 젊은이를 세우는 데도 많은 시간을 쏟고 싶었다.

모세가 받은 비전은 출애굽과, 광야에서 가나안으로 백성을 인도하는 것이었다. 여호수아의 비전은 백성과 함께 가나안으로 들어가 그 땅을 점령하는 것이었다. 모세의 비전, 여호수아의 비전이 다르듯이 각자에게 주시는 비전이 다르다. 우리 모두는 기도하며 자신의 비전을 찾아야 한다.

의사로서 환자를 치료하며 그들을 위해 일생을 보내는 사명을 받은 사람도 있을 것이다. 그러나 나에겐 그와 다른 사명이 있는 것 같았다. 나는 젊은이들에게 성경 공부를 가르치고 싶었다. 나에게는 젊은이를 가르치는 사명을 주셨다고 믿었다. 그런 의도로 과목을 체크해 나가다 보니 그 당시 인기가 없던 마취과를 선택하게 되었다. 마취과는 무엇보다 응급환자가 없고 업무가 고되지 않아 퇴근 이후의 시간을 하나님께 드릴 수 있었다. 사람들에게 덜 인정받고 경제적으로 덜 윤택해도 상관없었다. 마취과에서 실력 있는 의사로 성장하면 의사로서도 선한 영향력을 끼칠 수 있을 터였다.

또 한 가지 이유는, 영어로 진료하는 데 별 어려움이 없는 과를 선택해야 했다. 당시 나는 영어가 서툴렀는데 마취과는 환자와 상담하거나 진료 중 영어로 어려운 대화를 해야 할 일이 별로 없었기 때문이다.

결정은 했지만 끝까지 고민되기는 했다. 나는 원래 산부인과에 관심이 많았다. 하지만 산부인과를 선택한다면 밤낮을 가리지 않고 태어나는 아기들을 감당해야 할 것이고, 성적으로도 위기의 순간들이 많을 것이다. 하나님은 시각적으로 약한 나의 '겉사람'적인 욕망을 성령의 도우심으로 말끔히 해결해 주셨고, 더욱 '속사람'을 단단하게 무장시켜 주셨다. 사람들에게 의료 행위를 통해 도움을 주고 사회적으로도 영향력을 끼치는 것은 동일하니 내가 하나님의 일에 좀 더 집중할 수 있는 진료과를 선택하도록 나의 마음을 가볍게 해 주셨다. 역시 하나님은 세계 최고의 마취과 의사임이 분명했다. 지금도 그 마취는 지속되고 있다.

## 사명자의 삶

미국으로 건너갈 당시 나는 이미 한 가정의 가장이었다. 큰딸이 세 살, 큰아들이 10개월이었다. 당시 나는 세브란스 병원에서 인턴을 마치고 군복무한 후 레지던트 과정을 남겨 둔 상황이었다. 여호와 이레의 하나님은 미국에서 레지던트 과정을 밟을 병원을 단번에 결정할 수 있도록 준비해 두셨다.

낯선 땅에서 병원 생활에 적응하기도 힘든데, 전문의 시험 공부하랴, 두 아이의 아빠 노릇하랴, 몸이 열 개라도 감당하기 힘들었다. 아무리 비전이 확실해도 낯선 이국 땅에 오니 자꾸만 마음이 쪼그라들고 두렵고 근심이 되었다. 그러나 그것은 하나님이 주신 마음이 아님을 알기에 나는 야베스처럼 하나님께 내 앞길을 열어 달라고, 내 지경을 넓혀 달라고 엎드려 기도했다.

"야베스가 이스라엘 하나님께 아뢰어 가로되 원컨대 주께서 내게 복에 복을 더 하사 나의 지경을 넓히시고 주의 손으로 나를 도우사 나로 환난을 벗어나 근심이 없게 하옵소서 하였더니 하나님이 그 구하는 것을 허락하셨더라"(대상 4:10, 개역한글).

때로 돈도 없고, 영어에 대한 어려움 때문에 마음고생도 심했지만 하나님은 해가 지기 전에 다시 일어서게 하셨고, 속으로 흘린 눈물까지 마르게 하셨다. 나는 심히 연약한 존재이지만 그런 나를 하나님께서 쓰실 거란 확신이 있었다. 아내와 나는 아침마다 가정예배를 드리면서 말씀을 암송하고 찬양을 하며 아이들을 키웠다. 하나님이 우리 가정의 교사였고 우리 부부의 조언자였다.

분명한 목적을 가지고 매 순간 의미를 부여하면서 인생을 항해하는 사람은 파도를 만나도 주눅 들지 않음을 나는 경험했다. 열심히 노를 젓는다고 목적지에 가는 것이 아님을 알기에 하나님이 데려다주시는 대로 잘 따라갈 수 있게 해 달라고 매일매일 기도했다.

영국의 유명한 정치가 윌리엄 윌버포스는 어느 날 목회를 하고 싶은 마음이 들어 존 뉴턴 목사에게 "저는 이제 정치보다는 목회를 하고 싶습니다. 어떻게 하면 좋겠습니까?" 하고 상담을 했다. 그러자 존 뉴턴 목사는 이렇게 대답했다.

"하나님께서 정치를 통해 이루고 싶은 게 있으십니다. 당신은 계속 정치를 하십시오."

윌버포스가 하나님이 기뻐하시는 정치를 하기로 결단하자 하나님은 그에게 두 가지 사명을 주셨다. 하나는 노예무역을 근절하는 것이고, 다른 하나는 잘못된 관습을 개혁하는 것이다. 윌버포스는 이것을 위해 평생을 헌신했다. 노예무역 폐지는 여러 반대에 부닥쳐 금방 이뤄지지 못하고, 46년의 시간이 걸렸다. 하지만 그는 끝까지 포기하지 않았고 결국 노예무역 폐지를 이끌어 냈다. 그는 노예무역 폐지가 결정된 지 며칠 후에 하나님 품으로 돌아갔다.

나는 이것이 바로 사명자의 삶이라고 믿는다. 하나님은 나에게 이렇게 말씀하시는 것 같았다. "너는 의사로서 젊은이들을 키워라. 그게 너의 사명이다."

나 역시 사명을 따라가다 보면 난관을 만나기도 한다. 그때마다 하나님은 "너를 향한 계획이 있다", "필요한 시간들이다"라는 확신을 주셨다. 그 시간들을 내가 견뎌 내지 못했다면, 지금의 나도, 가족도, 사역도 없었을 것이다. 위기의 순간에도 붙드시는 하나님을 찾기만 하면 나보다 훨씬 더 현명한 하나님의 노선대로 걸어갈 수 있음을 나는 확신한다.

성경을 보면 푯대를 향하는 사람들이 나온다. 땅끝까지, 가나안까지 가야 한다. 하나님은 아브라함에게, 모세에게, 여호수아, 갈렙에게 '한번 가 봐라'가 아니라 구체적인 목적지와 방향까지 알려 주셨다. 그들은 사명 때문에 아플 수도, 죽을 수도 없었다.

부부생활을 오래 하다 보면 배우자의 표정이나 눈빛만 보아도 그 뜻을 알 수 있듯이, 하나님과 오래 사귀면 하나님이 나를 어디로 데리고 가실지 자연스럽게 깨닫게 된다. 어디로 가라고 하시는지 알게 된다. 나와 아내는 오랜 말씀 묵상을 통해 하나님의 언어를 조금씩 더 정확하고 더 빨리 알아들을 수 있었고, 순종할 수 있었다. 하나님의 훈련에는 이유가 있었다.

# 하나님을 구할 때 주시는 것들

우리가 순종하면 형통하고 복을 받지만 그 형통은 우리가 기대하는 것과 다르다.
하나님의 것을 더욱 사모하도록, 하나님의 것이 아닌 데는 기쁨을 느끼지 못하도록,
우리의 육체와 정신과 영성을 전 인격적으로 조명해 주시는 게 하나님이 주시는 복이다.

미국에 갈 때 내 목표는 '잘 먹고 잘살자'가 아니었다. 단 한 번도 성공하겠다, 인정받겠다고 욕심을 부린 적이 없건만 나의 미국 생활은 성공적이었다. 하나님은 다양한 말씀을 통해 내가 계획표를 가지고 움직일 수 있도록 방향을 이끌어 주셨다.

## 오 마이 갓, 오 테러블 잉글리시

나는 내가 마취과 의사라는 사실에 늘 당당했다. 외과 수술을 보란 듯이 해내어 어깨가 으쓱해진 적은 없지만 그것이 부럽지 않았다. 하지만 나의 당당함은 언어의 장벽 앞에서는 힘없이 무너지기 일쑤였다.

나는 의사로서 내 인생의 최종 목적을 잊지 않았다. 내가 왜 낯선 미국 땅에 와서 영어 때문에 속병을 앓고 있는지, 왜 영어를 극복하고서라도 훌륭한 의사가 되어야 하는지 뼈저리게 알고 있었다.

문제는, 목표와 현실의 거리가 너무 멀다는 것이었다. 마취과 의사로 진료하면서 의술적인 부분을 좀 더 공부해야겠다고 느끼기도 전에 영어로 인한 스트레스가 이만저만이 아니었다. 나를 가르치던 담당교수는 나에게 잊지 못할 명언을 남겼다.

"앞뒤가 꽉 막힌 벽에 대고 얘기하는 것 같네. 영어 공부 좀 하게나."

하늘이 무너지는 것만 같았다. 한겨울에 얼음물 속에 풍덩 빠진 기분이었다. 그런데 그 순간 하나님은 나를 홀로 버려두지 않으셨다. 홀로 있을 때 우리가 받는 영적 공격이 얼마나 막강한 힘을 발휘하는지 잘 아시는 하나님은 나를 말씀의 품으로 안아 주셨다. 말씀이 살아 있는 하나님의 음성으로 생생하게 들렸다.

"내 영혼아 네가 어찌하여 낙심하며 어찌하여 내 속에서 불
안해 하는가 너는 하나님께 소망을 두라 나는 그가 나타나
도우심으로 말미암아 내 하나님을 여전히 찬송하리로다"

(시 42:11).

이 말씀은 내 지친 영을 살리고 낙망으로 헤매는 혼을 '탁' 치며
비상하게 했다. 좀처럼 시선 둘 줄 모르던 하늘을 쳐다보게 했다.

하나님이 영어를 만드셨고, 그 하나님이 내 아버지이고 나는 그
의 극진한 아들인데 영어로 인해 좌절할 이유가 없었다. 거짓말처
럼 영어는 내 발아래 있었다. 낙망이 사라지고 두려움이 온데간데
없어졌다. 혀가 풀린 것도 아니고, 머리가 반짝 빛을 발한 것도 아
니었다. 다만 넘을 수 없는 벽 앞에서 하나님이 내 손을 붙잡고 선
것뿐이었다. 나의 약한 정신력을 무장시켜 주신 하나님 그분의 강
철 은혜였다.

영어에 부딪쳐 보기로 마음먹었다. 문법대로 하려다 보니 몇 마
디도 하지 못했는데 사람들이 고개를 흔들었다. 그래서 한국 화법
대로 영어를 마구잡이로 하기 시작했다. "너 학교 가!" 하면 "You
school go!"라는 유치원생보다 못한 기가 막힌 말을 했지만, 사람
들은 신기하게도 알아들었다. 오히려 "You are improving!" 하며

칭찬까지 해 주었다.

막상 입 밖으로 툭 내던지고 보니 겁이 없어졌다. 그동안 내 입을 닫은 것은 실력이 아니라 두려움임을 깨달았다. 자존심을 버리기로 작정하고 처음 말을 하기 시작하는 돌쟁이의 심정으로 영어를 하기 시작하자 말이 통했고, 영어로 인한 스트레스에서도 벗어날 수 있었다. 동기 중에는 영어 스트레스 때문에 폐인이 되고 정신분열이 생긴 친구도 있었다. 그만큼 언어의 장벽은 높았고 무서웠다.


먼저 그의 나라와 의를 구했더니

나는 돈을 잘 벌거나 명예를 얻을 수 있는 의사는 아니다. 마취과를 택할 때부터 이 문제로 주변의 반대가 있었지만 비전이 분명했기 때문에 기꺼이 감수할 수 있었다. 하나님이 내 본심을 아시기 때문에 먼저 하나님 나라와 의를 구하면 나머지는 하나님이 채워 주신다는 확신 하나로 모든 것을 결정했다.

벤저민 프랭클린은 자서전에서 이렇게 말했다.

"만약 하나님이 내가 살아온 삶 그대로를 반복해서 다시 살라고 한다면 난 그렇게 할 자신이 있다."

나는 이 글을 읽고 큰 도전을 받았다. 나 역시 지금부터 살아온 인생 그대로를 반복해서 산다 해도 그렇게 할 자신이 있을 만큼 충실히 살아야겠다고 결심했다. 그래서 1분의 시간도 낭비하지 않으려 노력했다. 가정예배를 드리며 우리 아이들에게도 하나님을 의뢰하는 삶을 가르쳤다. 늘 하나님 생각을 하고, 교제하고, 하나님과 대화하려 노력했다. 영성이란 늘 하나님과 함께 있는 것이므로 날마다 순간마다 하나님과 동행하기를 소망했다.

전문의로서 성공적인 안착도 중요했지만 복음 전도의 사명을 감당하는 일도 중요했으므로 어느 것 하나 소홀하지 않기 위해 노력했다. 월급이 더 많은 병원을 고르지 않은 것도 이 두 가지를 조화시키기 위해서였다.

운전하는 사람은 아무리 먼 길이라도 멀미를 하지 않는다. 그러나 조수석이나 뒷자리에 타고 있으면 차가 아무리 좋고 가까운 길이어도 멀미를 하곤 한다. 어디로 어떻게 가며, 언제 차가 멈추고 다시 출발할지 예측하기 어렵기 때문이다. 하나님은 내게 운전석에 앉아 인생을 경영하는 자세를 갖게 해 주셨다. 남에게 끌려다니는 수동적인 삶은 재미가 없지만 인생을 주도적이며 적극적으로 경영하며 살 때 재미있고 흥미진진한 삶을 누릴 수 있다.

의사로서 최선을 다해 일하는 동안 나는 점점 인정을 받았고 드디어 프리랜서 마취과 의사로 활동할 수 있게 되었다. 다행히 많은

병원에서 연락이 왔고, 마침 미국 의료계에서 마취과에 대한 중요
성과 전문성이 부각되어 나의 대우도 높아졌다. 인기 있는 과목이
된 것이다.

신앙을 지킬 때 하나님이 주시는 행복한 열매들을 맛보고 나자
우리 가정은 더욱 가정예배에 열심을 내었다. 아이들과 함께 기도
하고 찬송 부르며 예배를 드렸다.

월급쟁이가 아닌 터라 수입이 안정적이지 않음에도 아내는 나의
선택을 격려해 주고 하나님의 인도하심을 함께 기대했다. 미국에
서 태어난 막내까지 2남 1녀를 양육하는 데 모자람이 없도록 하나
님은 갑절로 은혜를 주셨다. 먼저 하나님의 나라와 의를 구하면 모
든 것을 더해 주시는 하나님의 약속이 내 삶에서도 이루어졌다.

경제적 풍요도 허락해 주셨고 사회적 명예도 주셨다. 내가 바란
것은 없었다. 하나님이 환경을 바꿔 주셨고 우리 가정을 그 환경 가
운데로 인도하셨을 뿐이다. 경제적인 여유는 때로 우리 가정이나
가장으로서의 나의 신앙을 점검하고 돌아보게 했다. 조금 더 인간
적으로 욕심을 내고 살고픈 유혹도 있었지만 그 모든 것들이 결코
영원하지 않으며 복음 사역에 방해가 된다는 것을 알게 하셨다.

내게 주신 깨달음대로 살 수 있었던 것은 전적으로 아내의 내조
덕분이다. 아내가 동의하지 않았다면 하나님이 원하시는 가치관에

따라 자녀들을 양육할 수도 없었을 것이고, 좀 더 세상적인 것에 미련을 두며 살았을 것이다. 하나님은 내 나이 마흔이 되자 교회의 장로로 세워 주셨다. 장로로 사역하면서 내 삶은 새롭게 도약했다. 하나님은 20년 간격으로 새로운 방향으로 나를 인도하셨다.

모세도, 바울도 하나님의 인생 경영에 따라 드라마틱한 시간들을 보냈다. 하나님의 이끄심을 느끼지 못하면 자신의 인생이 어디로 흘러가는지 알지 못한 채 그저 '별 탈 없이 행복하게' 살기를 꿈꾼다. 하지만 하나님은 우리 각자를 향한 원대한 꿈과 계획을 가지고 계신다. 우리가 그것을 알 때 하나님이 경영하시는 인생을 기대하며 나아갈 수 있다.

어린 시절부터 마취과 의사로 미국에서 성공하기까지 하나님의 세밀하신 손길이 미치지 않은 순간이 없었다. 바른 비전을 가지고 최선의 삶을 살았기에 우리의 열심이 헛되지 않고 우리의 열매가 당당할 수 있음을 나는 아내와 매일 나누었다.

"내가 나 혼자 잘살자고 이렇게 고생하는 줄 알아? 그런 거 아니잖아. 당신이 좀 해!"

"아빠 일하는 거 안 보여? 너도 공부 좀 열심히 해라."

평범한 가정에서 흔히 볼 수 있는 풍경이지만, 우리 가정은 이런 대화를 나눈 적이 없다. 대신에 나는 가정예배 때마다 아이들에게 이렇게 당부했다.

"우리 인생의 목적은 하나님 나라와 의를 구하는 것이다. 하나님이 너희를 기뻐하시면 네 인생을 형통케 해 주신단다. 난 너희들이 돈을 많이 벌거나 명예를 얻거나 일류 대학에 가길 원하지 않는다. 난 너희들이 하나님을 경외하길 원한다."

또 신년이 시작될 때마다 우리 가족은 모여서 삼창을 외친다.

"하나님 first! 하나님 first! 하나님 first!"

아내와 나는 잠언 3장 5-6절 말씀을 자주 나누며 세상 것에 현혹되지 않고 흔들리지 않으려고 했다.

"너는 마음을 다하여 여호와를 신뢰하고 네 명철을 의지하지 말라 너는 범사에 그를 인정하라 그리하면 네 길을 지도하시리라."

"Trust in the LORD with all your heart and lean not on your own understanding; in all your ways acknowledge him, and he will make your paths straight"(NIV성경)

하나님께서 좌로나 우로나 치우치지 않고 내 길을 곧게 하신다는 뜻이다. 시편 1편 2-3절에도 복 있는 사람의 특징에 대해 이와 비숫한 말씀이 기록되어 있다. 하나님의 뜻을 주야로 묵상하며 하나님의 길을 따라가면 하나님이 그 길을 형통케 하신다는 말씀이다.

"오직 여호와의 율법을 즐거워하여 그의 율법을 주야로 묵상하는도다 그는 시냇가에 심은 나무가 철을 따라 열매를 맺으며 그 잎사귀가 마르지 아니함 같으니 그가 하는 모든 일이 다 형통하리로다."

신명기 28장에 기록된 하나님의 법칙 또한 하나님께 순종하면 형통하고 복을 받는다고 알려 준다. 하나님은 우리가 순종하면 형통하고 복을 받지만 그 형통은 우리가 기대하는 것과는 다른 것임을 깨닫게 하셨다. 하나님이 주시고 싶은 형통과 복은 달랐다. 하나님의 것을 더욱 사모하도록, 하나님의 것이 아닌 데는 기쁨을 느끼지 못하도록, 하나님 나라를 향한 사명을 늘 잊지 않도록 우리의 육체와 정신과 영성을 전 인격적으로 조명해 주시는 게 하나님이 주시는 복이다.

하나님이 내 앞길을 아시니 그 계획대로 이루어 주시는 것, 그것이 형통임을 그때 알았다. 하나님이 주시는 형통한 길을 따르기 위해서 나와 우리 가족은 바뀌고 다듬어져야 할 것들이 많았다.

CHAPTER

02

비전을 이끄시는
하나님

# 거룩한 목표가
# 인생을 빛나게 한다

하나님이 이끄시는 영적 훈련에 순종하자 값으로 매길 수조차 없는
열매로 응답해 주셨다. 우리 하나님이 이 세상을 '보시기 좋은' 곳으로 만드셨듯이
우리를 '보시기 좋은' 인생으로 만드는 데는 거룩함으로 나아가는 영적 훈련이
반드시 수반됨을 기억해야 한다.

   하나님이 우리에게 가장 절실하게 원하시는 것이 있다면 나는 이
한마디를 꼽고 싶다. "거룩하라." 레위기에는 이에 대한 하나님의
마음이 잘 표현되어 있다.

   "나는 여호와 너희의 하나님이라 내가 거룩하니 너희도 몸
   을 구별하여 거룩하게 하고 …… 나는 너희의 하나님이 되

려고 너희를 애굽 땅에서 인도하여 낸 여호와라 내가 거룩
하니 너희도 거룩할지어다"(레 11:44-45).

하나님을 인격적인 나의 주인으로 모신 후, 내 삶에 일어난 모든
변화들을 한마디로 요약하면 '거룩함을 향한 여정'이었다. 진로를
선택하고 배우자를 선택하고 결혼을 통해 하나님의 비전을 내 삶
속에서 이뤄 가는 모든 것이 거룩함을 향한 것이었다. 내 욕심과 가
치관에 따라 진로를 정하고 배우자를 선택하지 않은 것은 하나님의
거룩한 가치관이 내게 생겼기 때문이다.


하나님이 택한 길이 가장 빠른 길

나는 하나님을 의지할수록, 하나님께 모든 일들을 아뢰고 지혜를
구할수록, 어떤 환경 속에서도 점점 더 당당해지는 것을 신비롭게
체험했다.

나는 하루를 하나님께 보고하는 것으로 시작한다. 우리 부부의
일도, 자녀의 일도, 병원 일도, 병원 외 사역도 하나님께 말씀드리
지 않은 것이 없다. 하나님께는 비밀이 없다. 아내에게도 말하지
못하는 것들을 하나님께 쏟아 놓으면 하나님은 어느새 해답을 내

손에 쥐어 주시곤 한다. 하나님은 내 인생의 스승이요, 멘토이며 목자다. 그 하나님을 닮고자 하는 나의 행보는 당연했다.

언젠가 책에서 읽은 '하나님이 택한 길이 가장 빠른 길'이라는 말이 생각난다. 하나님은 내게 친구들처럼 의사로서 성공하는 야망 대신 하나님을 따르는 꿈을 주셨다. 하지만 나는 하나님을 따르면서 왜 내게 이런 비전을 주셨느냐고 묻지 않았다. 하나님이 택하셨지 내가 택한 길이 아니라고 투정한 적도 없다. 하지만 묵묵히 그 길을 따르고 나서 돌아보니 그 길이 가장 확실하고 안전하며 빠른 길이라는 것을 알게 되었다. 그 길에는 하나님이 나의 동행자로 항상 계셨기 때문이다.


## 거룩한 열망을 갖다

나는 병원에서도 하나님께 영광을 돌리기 위해 노력했다. 의사나 간호사, 환자들에게 웃는 얼굴, 밝은 얼굴로 대했다. 마취하기 위해 수술실에 들어가면 환자의 기분을 풀어 주려고 늘 웃는 얼굴로 대했고, "당신을 위해 기도하겠습니다. 하나님은 당신을 사랑하십니다" 하며 마음을 위로해 주었다. 나는 늘 찬양을 흥얼거리곤 했는데 환자들은 찬양소리를 좋아했다. 처음엔 병원 원장이 여기가 교회냐고, 찬양을 하지 말라고 했었지만 내가 부르는 찬양이 환자들을 위로하고 힘을 주는 걸 알고는 나중엔 오히려 계속 찬양을 하라고 부추겼다.

미국 병원에서는 수술 뒤 환자들에게 시술이 어떠했는지, 불편한 점은 없었는지 피드백을 받는데, 많은 환자들이 마취과 의사 때문에 긴장이 풀리고 편안히 수술할 수 있었다고 말했다. 또 나에게 감사를 전해 달라고 하기도 했다. 찬양과 기도 덕분에 나는 의사로 사역할 때 한번도 의료사고를 내본 적이 없다. 환자들뿐만 아니라 믿지 않는 의사나 간호사들도 나에게 기도해 달라고 말하곤 했다. 나는 이것이 영향력이라 믿는다. 내가 모범을 보여야 전도도 하고 말씀 사역도 할 수 있다고 믿는다.

나는 병원 일도 충실히 남들보다 더 정성껏 했고, 말씀 묵상과 개인 전도도 열심을 내었다. 하나님은 나의 두 날개를 부지런히 훈련시키셨다. 그 훈련의 과정들이 없었다면 나는 쉽게 교만에 빠져서 사람의 지혜를 구했을 것이다. 좀 더 빨리, 좀 더 다양한 통로를 통해 유명해지고 사역의 현장이나 병원에서 좀 더 좋은 조건으로 일하고 싶어 했을 것이다. 하나님의 훈련이 아니고서는 나의 모남을 어떻게 다듬고 깎을 수 있었으랴.

동료 의사들은 나의 이러한 모습을 신기하게 여기는 듯했다. 더 좋은 자리로 옮기기 위해 누군가에게 잘 보이려 한 적도 없고, 어떻게 하면 편하게 일할 수 있을까 하며 인간적인 꾀를 부리지도 않았으니 말이다.

"자네는 욕심이 없나봐. 거 참, 알다가도 모르겠네."

술도 마시지 않고 남자로서 호기도 부릴 줄 모르는 내가 그들 눈에는 답답해 보였을지도 모른다. 어쩌면 세상 재미를 모르는 따분한 사람이라고 생각했을지도 모른다.

세브란스 병원에서 인턴으로 일할 때였다. 타 학교 출신인데다 술, 담배, 화투도 안 하니 다른 인턴들이 은근히 나를 왕따시켰다. 주일에 당직이 걸리면 혼자서 예배드리곤 했는데, 그런 나를 비웃곤 했다. 그중 나를 가장 핍박한 사람이 있는데 그는 당직실 문에 십자가를 그려 놓고는 '인턴교회 목사 박수웅'이라고 써 붙였다. 그런 그를 미국 집회에서 만났다. 강의를 마치고 내려오는 내게 그는 다가와 악수를 청하며 "닥터 박, 인턴할 때부터 예배드리고 신앙생활을 잘하더니 지금 이렇게 잘될 줄 알았어. 나도 지금은 안수집사가 되었어……" 하며 인사를 했다. 나를 왕따시키던 사람이 나를 칭찬하는 사람으로 바뀐 것이다.

세상에 동조하여 같이 술 마시고 담배 피고 향락에 취하면 당장은 친구가 된 것 같지만 그들은 속으로 경멸한다. 때문에 신앙은 타

협해선 안 된다. 말씀대로 지키며 말씀대로 살아야 한다. 하나님은 균형 잡힌 신앙과 가치관이 사람들에게 선한 영향을 미칠 수 있다는 사실을 여러 사건을 통해 깨닫게 하셨다. 내게는 함부로 써도 되는 시간도, 돈도 없었으며 에너지는 더더욱 없었다. 모두 하나님 아버지께서 맡아 관리하시기 때문이다.


## 거룩함으로 나아가는 영성 훈련

현재에 최선을 다하되 미래에 초점을 맞추면 어떤 환경에서도 주눅 들지 않고 당당하게 살 수 있다. 거룩함으로 가는 과정들을 밟으면서 맛보는 내밀한 기쁨과 충만함은 세상 어디서도 경험할 수 없는 것이다.

하나님의 재미있는 법칙 중 하나는, 내가 변하면 모든 것이 변한다는 사실이다. 가정을 예로 들면 이렇다. 사실 우리 가정도 처음부터 조화를 이루고 화목한 것은 아니었다. 둘이 하나가 되고 아이들과 화목하는 데는 훈련이 필요했다. 말씀과 기도로 훈련하는 중에는 불편한 날도, 힘든 날도 있었다. 내 뜻을 따라주지 않는다고 못마땅하게 생각하던 아내도, 말썽만 부린다고 생각하던 아이들도, 힘든 일도 하나님의 훈련으로 내가 바뀌니 모든 것이 바뀌었다.

모든 것이 문제투성이로만 보이더니 하나님의 훈련 속에 들어가니 그것들이 기도 제목이 되었다.

"당신 무슨 일 있었어? 기분이 안 좋은가봐."

"요즘 학교에서 힘드니? 고민이 있는 것 같구나."

상대방을 먼저 배려하게 되었다. 그들 마음속에 자리하고 계신 하나님의 마음을 느끼자 가족을 품고 울면서 기도할 수 있었다. 아버지가 변하면 자녀들이 변하고 가정이 변하는 것을 경험했다.

"예수께서 이르시되 네 마음을 다하고 목숨을 다하고 뜻을 다하여 주 너의 하나님을 사랑하라 하셨으니"(마 22:37).

날마다 내 육신을 쳐서 하나님 앞에 무릎 꿇지 않으면 마음과 목숨과 뜻을 다하여 하나님을 사랑하는 일은 불가능하다. 하나님을 사랑하기 위해서는 가족의 이해할 수 없는 태도와 받아들이기 힘든 삶의 문제들도 끌어안아야 했다. 어느 날 갑자기 기적처럼 나의 믿음이 좋아져서 모든 것이 이해되고 용납되는 일은 없다. 매일매일 말씀 앞에 나를 비춰 보지 않으면, 매일매일 아내와 찬송과 기도로 눈물 콧물 쏟지 않으면 나는 어디까지나 인간 박수웅일 뿐이다. 내 목소리를 높이고 싶고, 하나님의 일도 내 판단에 합리적인 방법으로 하고 싶어 하는 자아가 강한 사람일 뿐이다.

그런 나를 변화시킨 것은 말씀 묵상과 기도였다. 영성 훈련이 날마다 계속되면서 하나님은 우리 가정에 분쟁과 다툼보다는 화합과 조화를 이룰 수 있도록 참을성을 주셨고 이해력을 주셨고 찬송하며 하나님을 기대할 수 있는 믿음의 용기를 더해 주셨다. 우리 삶을 건강하게 하시고 나아가 우리 가정의 하루하루를 고상하게 빚어 주셨다. 무엇을 먹을까, 무엇을 마실까, 무엇을 입을까 염려하기보다 오늘 입고 먹고 마신 것을 감사하는 가족이 되게 하셨다. 하나님이 이끄시는 영적 훈련에 순종하자 값으로 매길 수조차 없는 열매로 응답해 주신 것이다.

우리 하나님이 이 세상을 '보시기 좋은' 곳으로 만드셨듯이 우리를 '보시기 좋은' 인생으로 만드는 데는 거룩함으로 나아가는 영적 훈련이 반드시 수반되어 있음을 기억해야 한다.

신실하신 하나님은 어떤 화가의 솜씨보다, 그 어떤 조각가의 탁월함보다 완벽하게 내 삶을 수정하고 보완해 주셨다. 거룩한 삶을 살려고 노력한 나의 진심을 하나님이 귀히 여기셨기 때문이다.

## 하나님께 집중하면 형통한다

대학 시절 나는 주머니가 두 개 있는 옷을 즐겨 입었다. 덕분에 지금도 주머니가 있는 옷을 즐겨 입는다. 당시 나는 의대 공부하랴 CCC에서 신앙 훈련 받으랴 몸이 열 개라도 모자랄 판이었다. 대책이 필요했다. 그런데 생각보다 대책은 간단했다.

주머니 두 개 달린 옷이 대책이었다. 한쪽에는 성경을 넣고, 다른 한쪽에는 전공 공부에 관한 메모 노트를 넣었다. 순간순간 어디서 시간이 툭 하고 떨어질지 모르니 5분의 틈이라도 생기면 둘 중 하나는 자동으로 세상 밖으로 나왔다.

주머니가 두 개 있는 옷은 내게 많은 것을 가르쳐 주었다. 살면서 두 개의 주머니를 만들어야 하는 일들이 많은데 그때마다 그 시절 주머니가 떠올랐다.

누가 만들었는지 주머니 두 개 달린 옷은 참 기특했다. 주머니가 하나밖에 없었다면 두 가지를 한꺼번에 넣는 통에 균형을 잡기 곤란했을 것이고, 뒤적거리는 게 싫어 짬이 난다 해도 귀찮아서 시도조차 하지 않았을 텐데, 주머니가 둘이다 보니 둘 중 한 녀석은 걸렸다.

이쪽저쪽 손을 넣어 책을 펼치면서 나는 집중을 배웠다. 집중력이 높아지자 순간을 즐길 줄 알게 되었고, 순간을 영원의 시간으로

끌어올리는 믿음의 지혜도 터득했다.

　어딘가로 이동하게 될 때나, 누군가를 기다리게 될 때, 약속이 변경될 때 그 짧은 시간도 버리지 않고 유용하게 사용했다. 하나님은 어느 날은 전공 공부를 통해, 어느 날은 성경을 통해 내게 말씀해 주셨다.

　요즘 젊은이들은 산만한 편이다. 집중하지 않으면 오랜 시간 책상 앞에 앉아 있어도 능률도 안 오르고 진도도 안 나가고 효과가 없다. 집중해야 할 곳에 시선을 고정하고 다른 부산스러운 마음들은 땅 속으로 묻어야 한다. 이것을 우리는 집중력이라고 하지만 다른 말로 하면 결단이다. 자기와의 약속이다. 이 결단과 약속을 자꾸만 뒤로 미루면 꼭 필요할 때 시간이 없어 낭패를 보게 된다.

　인생은 어디에 집중력을 발휘하는지에 따라 결과가 달라진다. 그런 의미에서 결혼도 사역도 집중력의 결과라고 할 수 있다. 집중력이 좋은 사람이 성공적인 삶을 산다.

　　"오직 여호와를 앙망하는 자는 새 힘을 얻으리니 독수리가
　　날개치며 올라감 같을 것이요 달음박질하여도 곤비하지 아
　　니하겠고 걸어가도 피곤하지 아니하리로다"(사 40:31).

이사야 선지자는 여호와를 앙망하는 자가 새 힘을 얻는다고 말했다. "여호와를 앙망하는 자"(focus on God)는 여호와께 집중하는 자, 즉 포커스를 맞추는 자다. 그런 사람은 곤비치 않고 피곤치 않다는 것이다. 여호와를 앙망하는 자에게 지혜가 생기고 능력이 생긴다.

여호와를 앙망하는 것은 늘 주님을 의식하는 것이다. 28절 말씀부터 살펴볼 필요가 있다.

> "영원하신 하나님 여호와, 땅끝까지 창조하신 이는 피곤하
> 지 않으시며 곤비하지 않으시며 명철이 한이 없으시며 피
> 곤한 자에게는 능력을 주시며 무능한 자에게는 힘을 더하
> 시나니 소년이라도 피곤하며 곤비하며 장정이라도 넘어지
> 며 쓰러지되."

피곤한 자에게 능력을 주시고 무능한 자에게 힘을 더하시는 하나님을 기대할 때 언제나 하나님께 초점을 맞추고 정진할 수 있는 힘을 얻는다.

빛을 분산시키면 아름다울 수는 있지만 힘이 없다. 반면, 빛을 모으면 아름다운 눈부심은 없어도 강력한 힘이 발산된다. 그 힘은 나무까지 태울 정도로 강력하다. 돋보기에 빛을 모으면 종이에 불이

붙는 실험을 어린 시절 해 보았을 것이다. 마찬가지로 아무리 탁월한 두뇌와 능력을 가졌다 해도 집중하지 않으면 그 힘은 미약하다.

이 집중력을 높이기 위해 하나님은 내게 주머니 두 개의 훈련을 시키셨다. 이 훈련을 통해 나는 자투리 시간과 에너지들을 어떻게 효과적으로 쓸 수 있는지 배웠다. 집중력을 높인다고 해서 장애물이 없지는 않지만 장애물 앞에 주저앉지 않고 뛰어넘을 배포도 하나님께서 주신다. 주머니에 손을 넣을 때마다 하나님을 기대하고 하나님께 나의 작은 순간들을 올려드리는 훈련이야말로 시간을 지혜롭게 만들어 가는 주춧돌이었다.

# 열심히 살지 말고
# 계획하고 경영하며 살라

하나님은 타임테이블을 가지고 각 사람에게 일하신다.
하나님은 우리 각 사람의 인생에 개입하기를 원하신다.
그러나 인격적인 하나님은 그가 변화하는 데 누군가를 사용하기 원하신다.
준비된 한 사람을 사용하시는 것이다.

"열심히 살지 말고 계획하고 경영하며 사십시오."

어디서 누구를 만나든 내가 늘 하는 말이다. 때와 장소를 가리지 않고 내가 표현할 수 있는 최대의 사랑 방법이다. 나는 언제나 사랑하는 사람들에게 이 말을 한다.

미국 격언에 'failing to plan is planning to fail'이라는 말이 있다. "계획하길 실패하는 자는 실패하기로 계획하는 것이다"라는 뜻이다. 나는 열심히 살아야겠다고 계획해 본 적이 없다. 대신 언제쯤 무엇이 되겠다, 어떻게 되겠다, 어떤 수준으로 성장하겠다는 계획을 늘 세웠다. 그 계획을 이루기 위해 열심히 살았다. 바쁘게 살려고 노력한 것이 아니라 나의 계획을 매일 들여다보고 하나님께 말씀드리면서 계획을 점점 수정하고 보완해 나갔다. 애초에 내가 세운 계획과 비교해 보면 말할 수 없이 완벽한 계획이 되었다.

## 말씀 묵상으로 시작된 사역자의 길

영향력 있는 의사가 되면 내가 꼭 하고 싶은 일이 있었다. 복음을 전하는 것이었다. 내가 만난 하나님을 전하지 않고는 견딜 수가 없어서, 내가 변화했듯이, 내 인생이 달라졌듯이 하나님을 모르는 사람들에게 하나님을 소개해 주고 싶었다. 마음속에서 도무지 꺼지지 않는 열정이었다. 하나님이 주신 열정이기에 한시도 잊을 수 없었고, 내가 외면한다고 해서 사라지는 것도 아니었다. 이 열정을 이루기 위해 하나님은 내게 영향력 있는 의사가 되는 길들을 순차적으로 열어 주신 것 같다. 하나님의 열정이 점점 구체화되는 것, 그리고 그것이 소원이 되는 것, 즉 하나님의 소원이 나의 소원이 되는 것(빌 2:13)을 나는 '비전'이라고 부른다.

나는 슈바이처 같은 훌륭한 의사가 되기는 어려울 거라고 생각했다. 다만 의사라는 직업을 통해 하나님의 일을 더 효과적으로 할 수는 있을 거라는 결론을 얻었다. 나는 요즘 인생 후배들에게 내 경험에 비춰 이런 조언을 해 준다. 비전을 품고 전공 분야에 뛰어들었지만 막상 탁월한 능력을 발휘할 수 없다면, 그 일을 통해 하나님이 반드시 나타내시고자 하는 뜻이 있을 것이라고 말이다. 그 뜻을 발견하는 과정에서 가장 중요한 것은 하나님과의 관계 회복이요 자기를 향한 비전 확인이다.

단지 배우기만 하는 사람보다 가르치려고 배우는 사람은 자세부터 다르다. 가르치려고 배우는 사람은 말하는 토씨 하나까지 놓치지 않는다. 그것이 바로 제자훈련의 시작이고 전문 사역의 시작이다.

훌륭한 제자, 쓰임 받는 제자가 되기 위해서는 배우고 가르치고 다시 배우는 과정이 계속 반복되어야 한다. 나는 대학을 다니는 동안 CCC에서 훈련 받고 개인적으로 말씀 묵상과 큐티를 계속 했다. 미국에 가서도 훈련 받는 일을 게을리하지 않았다. 그 훈련 기간을 가늠해 보면 족히 20년은 될 것 같다.

CCC 훈련을 통해서는 말씀 묵상을 해야겠다는 도전을 받았다. 그리고 말씀 묵상을 통해서 하나님께서 점점 더 깊은 수준으로까지 인도하심을 매 순간 느꼈다. 묵상의 시간들이 쌓이자 말씀이 단순한 글자가 아니라 살아 움직이며 역사하는 것을 경험했다. 하나님은 내게 거룩한 감동을 순간순간 부어 주셨다. 하나님의 말씀을 전하고 싶다는 꿈이 생겼고 그 꿈을 하나님께 고백했다.

하나님은 내게 기회를 주셨다. 알고 지내던 한 목사님으로부터 말씀 묵상 강의를 해 달라는 제의를 받은 것이다. 13주 과정 중에서 3주만 맡아 달라고 했다. 첫 모임을 얼마나 떨리는 마음으로 인도했는지 모른다. 감사하게도 첫 번째 강의를 마친 뒤 목사님한테 연락이 왔다.

"나머지 10주 강의를 다 맡아 주시면 좋겠습니다."

나는 내 귀를 의심했다. 신학 공부를 제대로 한 적 없는 내가 과연 그렇게 긴 과정을 다 소화해 낼 수 있을까, 선뜻 용기가 나지 않았다. 하지만 하나님은 내게 담대함을 주셨고, 그후 오전 9시부터 저녁 9시까지 12시간에 달하는 강의를 맡았다. 하지만 막상 강단에 서려고 보니 엄두가 나지 않았다. 하나님께 기도로 매달리니 나의 신앙생활을 간증하라는 지혜를 주셨다. 감사하게도 그날 내 강의를 들은 사람들의 반응은 거의 폭발적이었다. 하나님이 청중의 마음을 감동시키신 것이다. 이후 꽤 오랜 기간 다양한 강의들을 했다. 그러던 어느 날 나를 예의 주시하던 목사님이 색다른 제안을 하셨다.

"반응이 폭발적입니다. 더 많은 사람들이 들을 수 있도록 방송에서 강의를 해 보면 어떨까요?"

말씀 묵상 강의를 하기 시작한 지 5년 만의 일이었다. 나는 이미 말씀 묵상 강사로 꽤 유명해져 있었다. 이를 계기로 미국 최대의 기독교방송이라 할 수 있는 LA복음방송에서 말씀 묵상 강사로 초빙을 받았고, 꼬박 10년 동안 방송을 통해 강의를 했다. 조연에서 주연이 되었지만 조연도 언제나 주연처럼 노력하며 사는 것이 중요함을 깨닫는다.

내가 소속된 병원은 외래수술을 하는 한가한 병원이었기에 근무 형태가 자유로웠다. 출근이 이르다 보니 아침에는 말씀 묵상을 많이 못했다. 하지만 여유 있을 때마다 손에 볼펜 자국이 남을 정도로 메모하고 묵상하며 몇 시간이고 보냈다. 하도 메모를 많이 하다 보니 볼펜만 잡으면 팔이 아파 정형외과 의사를 찾아가기도 했다. 주사를 맞고 나오는데 저절로 묵상이 되었다.

'아! 주님, 제 몸에 예수님을 사랑하는 흔적이 생겼네요. 감사합니다. 저도 이렇게 제 목숨 다해 일하게 해 주십시오.'

성경 묵상을 할 때마다 늘 신실하게 도움을 준 볼펜을 보며 문득하게 된 고백이다. 끝까지 최선을 다한 볼펜처럼 열심히 살고 싶었고, 하나님은 나의 믿음의 고백에 응답하셔서 부지런히 사용해 주셨다.

이후 하나님은 나를 청년들에게, 부부들에게 소개하시고 그들에게 필요한 말씀들을 나누게 하셨다. 주제는 늘 동일했지만 말씀의 세계는 넓고 풍성했다. 말씀 묵상을 통한 훈련과 적용은 성별과 연령을 넘어 많은 이들에게 도전을 주었고 열매를 얻게 했다.

제자훈련을 받은 덕분에 나는 강의나 세미나에서 적용 시간을 빠뜨리지 않았다. 일방적인 가르침은 대중을 변화시키는 데 한계가 있기에 반드시 적용이 있어야 했다. 이 적용 과정 때문에 내가 진행하는 강의와 세미나는 다른 강의와 차별되었다. 서너 시간씩 세미나를 해도 청중에게서는 질문이 쏟아졌고 지루하다는 반응이 별로 없었다.

엄한 아버지의 기대로 늘 주눅이 들어 있던, 그래서 사람들 앞에서 입을 떼는 것조차 힘들어하던 소년이 하나님의 만지심으로 많은 청중 앞에서 입을 크게 벌려 말씀을 설파하는 놀라운 기적이 일어났다. 그 소년이 사람들을 권면하고 하나님께 나아가도록 돕고 있다. 하나님이 하시는 일들은 흥미진진하다.

잊을 수 없는 평신도 제자훈련 모임

이후로도 하나님은 많은 그룹들을 만나게 해 주셨다. 그중 잊을 수 없는 모임이 있다. 지금의 나를 있게 하는 데 중요한 계기가 된 모임이다.

성경 공부 강사로 점점 이름이 알려지자 다양한 그룹들에서 요청이 왔다. 당시 나는 비그리스도인 여자 7명이 모이는 커피브레이크 모임에서 성경공부를 가르쳤는데, 이들이 말씀을 듣고 변화되어 예수를 믿게 되었다. 이들은 자기들만 믿는 게 안타깝다며 남편을 데려올 테니 성경공부를 해 달라며 나에게 간곡히 부탁했다. 그래서 부부가 함께 성경공부 모임을 하게 되었다. 하지만 생각만큼 부부가 같이 공부하기는 쉽지 않았다. 모임 중에 얼굴도 험상궂고 말도 거칠고 눈빛도 매서운 남편이 하나 있었다.

"나는 오늘밤만 참석합니다."

그가 첫날에 와서 한 말이다. 그런데 다음 주에도 왔고, 그 다음 주에도 왔다. 4주째 참석한 날 그 남자가 갑자기 입을 열었다.

"내가 한마디 좀 하겠습니다."

아내가 평생 처음이자 마지막 부탁이라며 하도 사정을 해서 모임에 나오게 되었다는 그는 처음에 내가 의사라는 사실이 불만이었다고 했다.

"집사람 말로는 강사가 의사라고 하기에 어떤 사람인지 궁금했습니다. 의사가 나를 가르치겠다니 기가 막혔습니다."

당시 미국에 사는 한인들은 같은 한인 의사를 좋아하지 않았다. 대부분 슈퍼마켓이나 세탁소를 운영하며 힘들게 살다 보니 사회적으로나 경제적으로 인정받는 한인 의사들한테는 거리감을 느껴서일 것이다. 그는 나를 묵사발 만들겠다고 작정하고 그 모임에 왔다고 했다.

"그런데 와서 보니 내가 생각하던 의사가 아닙디다."

나는 거만한 태도를 부릴 줄도 모르고, 신형 외제차를 타지도 않았다. 게다가 금테 안경도 쓰지 않았다. 값나가는 옷을 입지도 않았고 말이 유창하지도 않았다. 그는 어디를 봐도 내가 '의사스럽지' 않았다며 오히려 시골 촌놈처럼 어리숙하고 소박해 보였다고 했다. 하도 말이 어눌해 조금만 말을 더 잘했으면 좋겠다 싶을 정도였단다. 알고 보니 그는 성우 출신이었다. 그의 말에 다들 한바탕 웃었다.

사실 그들 부부는 별거 중이었는데, 어느 날 아내가 찾아와서 잘못했다고 먼저 화해의 손을 내밀었다고 한다. 그러면서 이 모임에 초대했고 갑작스런 아내의 변화가 궁금해서 따라나섰다고 했다.

그는 이 모임에 매력을 느끼고 말씀 암송과 큐티를 하게 되었다. 말씀이 그를 변화시켜 그는 더이상 입에 욕을 올리지 않고 하루 종일 찬송을 부르고 성경을 암송하게 되었다. 주변에서 무슨 일이냐고 물을 정도였다. "나 요즘 공부한다. 예수 믿고 성경 공부하고 성경 암송한다"는 그의 말에 그의 친구들도 성경 공부 모임에 참석하고 싶어 했다.

1년 정도 제자훈련을 받은 그는 완전히 변화되었다. 그후 그는 신학대학을 졸업하고 중국 선교사로 6년간 사역하다 다시 미국으로 돌아와 조선족 유학생을 중심으로 성경 공부를 하며 목회를 하고 있다. 그는 목사님이 되어서도 나를 만나면 여전히 "선생님! 선생님!" 한다. 하나님의 계획과 인생을 향한 놀라운 전략들은 언제나 스릴 만점이다.

하나님은 이 모임을 통해 내게 큰 깨달음을 주셨다. 복음이 들어가면 사람이 변하고 인생이 달라진다는 사실이다. 중요한 것은 그 기막힌 변화의 시간들에 나를 사용하신다는 사실이다.


변화의 중심에서 은사 사용하기

변화의 현장에 동참한다는 것은 경험해 보지 않은 사람은 알 수 없는 충격이요 도전이다. 그것은 내가 하는 것이 아니라 나를 통해 일하시는 하나님을 직접 대면하는 기회다. 타인이 변화되는 것을 본 사람은 그 일을 멈출 수가 없다. 이것이 하나님 나라의 법칙이요 하나님이 인생을 가치 있게 만드시는 비결이다.

변화의 현장에서 하나님은 내게 가르침의 은사를 확인시켜 주셨다. 가르치는 일은 변화를 목표로 해야 옳다. 나는 효과적인 변화를 위해 다양한 방법들을 사용하다가 관찰, 해석, 적용의 3박자로 정착했다.

소그룹 모임에서 강의할 때는, 참석자들의 반응에 반드시 좋은 대답을 해 주어야 한다. 질문에 답한 사람에게는 "정확하게 맞추셨다"든지 "그것도 좋은 답입니다"라고 긍정적이고 적극적인 반응을 해줘야 한다. 그러면서 다른 사람들의 참여를 유도해야 한다.

청중을 적극 끌어들인 다음에는 개인은 개인대로, 부부는 부부관계를 중심으로 점검해야 한다. 특히 이혼 위기에 있는 부부들은 좀 더 구체적으로 점검하여 관계를 회복시킬 수 있도록 하나님의 지혜를 구해야 한다.

사역을 하다 보니, 나를 목회자로 착각하는 분들을 종종 만난다. 나는 신학을 뒤늦게 공부하기는 했지만 목회자로 안수 받지는 않았다. 하나님이 나를 평신도 사역자로서 부른 이유가 있음을 알기 때문이다. 목회자는 목회자대로, 평신도는 평신도대로 하나님의 사용 매뉴얼이 다 있다.

부부관계나 가정 생활, 연애와 성이 강의 주제일 때면 나는 전적으로 의사로서 강의를 한다. 청중은 내가 의사라는 사실을 신뢰하고 내 강의를 납득한다. 내가 만일 목회자로서 이 같은 주제를 강의했다면 지금보다 쉽지 않았을 것이다.


## 성(性) 세미나를 시작하다

나는 제자훈련을 시작하면서 본격적으로 성 세미나의 필요성을 인식하게 되었다. 한번은 여학생 모임을 끝내고 다과를 나누는데, 어떤 여학생이 질문을 던졌다.

"장로님, 성경에 대한 질문은 아니고 개인적인 질문인데 해도 돼요?"

여학생은 막상 말을 꺼내 놓고도 멋쩍은지 조금 더 머뭇거리다가 입을 뗐다. 질문의 요지는 놀랍게도 여성의 처녀막이 정말 있는지와, 승마 같은 운동을 하면 처녀막이 상할 위험이 있다는데 맞느냐는 것이었다. 처음 질문을 듣고 나는 아연실색하지 않을 수 없었다. 먼저, 내가 의사라지만 그런 질문을 공개적으로 묻는 데 놀랐고, 그 나이에 그만 한 상식도 없다는 데 더 놀랐다. 하지만 당황한 내색을 하면 안 되겠기에 친절하게 답해 주었다. 정확히 알아듣는 것 같지 않아 아예 의학서적에 나와 있는 사진까지 가져다가 설명해 주었다.

사태가 그 지경에 이르자 난리가 났다. 생리 불순이며 각종 여성 질병에 대한 질문들이 봇물 터지듯이 쏟아지기 시작했다. 그런 점에서 보면 여자가 남자에 비해 훨씬 투명한 편이다. 한번 입을 떼면 자신의 모든 것을 공개할 줄 알기 때문이다.

그 다음부터 여학생 그룹에서 아예 공개적으로 성(性)에 대해 수업하기로 했다. '여자는 누구이고 남자는 누구인가'에서부터 '부부 관계는 어떻게 해야 하는가', '어떻게 성을 지켜야 하는가'에 이르기까지 성에 관한 세심한 이야기를 나누었다.

제자훈련이라고 성경 공부나 비전 강화 훈련만 필요한 것이 아니다. 오히려 '나는 누구이며 어떻게 결혼을 준비해야 하는가?'와 같은 실제적인 문제들을 다룰 때 마음 문이 열리고 삶의 문제가 투명해지는 것을 본다. 또 그리스도인의 성에 대한 무지를 깨뜨려야 문제 가정의 재생산이라는 악순환의 고리를 끊을 수 있다. 즉 제자훈련을 통해 리더를 키우기 위해서는 '가정을 올바로 꾸리도록 준비시켜야 한다'는 결론에 이르렀다.

내가 제자훈련 사역에서 가정 사역으로 비전을 확장하게 된 것은 바로 이런 이유들 때문이다. 야베스의 기도처럼 나는 "주께서 내게

복에 복을 더하사 나의 지경을 넓히시고"(대상 4:10, 개역한글)라고 기도
했다. 복이 더해짐에 따라 지경이 넓어졌고, 그것을 감당할 수 있
을 만큼 비전도 자라났다.


## 사랑한다면 인생 경영을 알리자

사람들에게 복음 전도를 할 때 가장 먼저 알려 주는 내용이 있다.
사영리에서 배운 것으로 '하나님은 당신을 사랑하시고 당신을 위한
놀라운 계획을 갖고 있다'는 사실이다. 이것이 전도 대상자를 진짜
사랑하는 것이다. 참사랑은 마땅히 상대가 알아들을 수 있게 표현되
어야 하는데, 이는 상대를 향한 하나님의 계획을 알려 주는 것이다.
그가 그 계획을 받아들이든 받아들이지 않든 그것은 전도자의 책임
이 아니다. 하나님의 타임테이블(Timetable)이 있음을 알려 주기만 하
면 된다. 그 다음은 하나님이 하실 일이요 성령이 도우실 일이다.

하나님은 타임테이블을 가지고 각 사람에게 일하신다. 내가 가르
친 제자훈련 모임에 참석한 말썽쟁이 남편을 변화시키셨듯이 하나
님은 우리 각 사람의 인생에 개입하기를 원하신다. 그러나 인격적
인 하나님은 그가 변화하는 데 누군가를 사용하기 원하신다. 준비
된 한 사람을 사용하시는 것이다. 사람들은 혼자 남겨졌을 때 몹시

당혹스러워한다. 때로 홀로 있는 시간이 필요하지만, 하나님은 인간을 창조하실 때 공동체를 이뤄 그 속에서 기쁨을 누리도록 하셨다. 하나님은 우리가 개인이 아닌 공동체로 살아가기를 원하시는 것이다. 땅끝까지 복음을 전하라는 것은 결국 공동체 속으로 들어가라는 의미다. 이 공동체를 향한 복음 전도의 열망은 우리 각자의 인생을 자기 가정, 자기 직장, 자기 교회가 아닌 보다 더 넓은 세계로 나아가게 해 준다. 타인을 향해 나아갈 때 우리는 자신의 인생만 경영할 때와는 차원이 다른 하나님 나라의 비밀을 배우게 된다. 생명이 변화되는 것, 하나님 나라가 확장되는 것, 그 근원적 기쁨을 맛보게 된다.

하나님은 무작정 열심히 사는 삶을 기뻐하시지 않는다. 인생을 경영하며 사는 사람을 기뻐하신다. 목적 없이 사는 방랑자가 되길 원치 않으시고, 목적은 알지만 경영하지 않는 방황자도 원치 않으신다. 하나님이 우리에게 원하시는 것은 목적과 방향을 알고 그 길을 끝까지 걸어가는 인생 경영자다. 참다운 인생 경영자는 처음엔 혼자서 걸었어도 지날수록 동반자가 생기고 묵묵히 최선을 다해 응원해 주는 길동무들이 주변에 많이 생기게 마련이다. 예수님의 삶이 그러했듯이 우리 역시 비전을 세우며 인생을 경영함으로 타인을 이롭게 하고 하나님을 영화롭게 할 수 있다.

# 야망이 아닌,
# 비전을 좇아라

---

비전은 내가 만드는 것이 아니라 하나님이 주시는 꿈이다.
야망은 모든 사람들이 가질 수 있지만 비전은 하나님이 직접 만드신 꿈이며
하나님 중심이고, 하나님의 영광이다.

하나님은 언제나 내게 말씀을 통해 확신을 주셨다. 나를 많은 사람들 속으로 부르신다는 것도 말씀을 통해 늘 인식시켜 주셨다.

"우리가 알거니와 하나님을 사랑하는 자 곧 그의 뜻대로 부르심을 입은 자들에게는 모든 것이 합력하여 선을 이루느니라"(롬 8:28).

하나님의 뜻대로 부르심을 입은 자들이라면 합력하여 선을 이루어야 하는 과제가 있다. 내가 부르심을 입은 자들과 합력할 것이 무엇인지 하나님은 사람들 속으로 나아갈 때마다 보여 주셨다. 심장을 뛰게 하셨다. 바로 젊은이들이었다.

내가 변화했듯이 그들 또한 자신들의 젊음을 하나님께 드려 하나님의 아들과 딸로, 제자로 변화하여 멋진 삶을 일구게 하고 싶었다. 이 일을 위해 하나님은 내게 잠들지 않는 열망을 주셨고, 노력하게 하셨다. 그 노력의 열매들이 말씀 묵상의 강사로, 세미나 강사로, 그리고 세계에 흩어진 한인들에게 하나님을 전하는 사람으로 나타났다.


## 가슴 뛰는 무대, JAMA와 KOSTA

지금도 내가 가장 가슴 뛰는 공간은 젊은이들과 함께하는 집회다. 1988년부터 나는 UC 어바인에서 CCC 강사로 활동했다. 함께 사역하던 찬양 팀 리더가 어느 날 나에게 도전을 주었다.

"장로님이 코스타(KOSTA) 강사가 되었으면 좋겠습니다."

우연한 기회에 나는 한인 유학생들이 모이는 청년 집회인 코스타에 참석한 적이 있다. 그때 도전을 받아 나도 언젠가 그 집회에 강사로 설 수 있기를 기도했다. 하나님의 계획은 언제 어떤 통로를 통해 이루어질지 가늠할 수가 없어 언제나 새롭다. 나는 드디어 1993년부터 코스타를 섬길 수 있게 되었다.

1993년 처음으로 미국 코스타 강사로 참석한 후 그해 6~9군데 나라를 돌며 강의했다. 코스타에 참석할수록 내가 청년 대학생들에게 도전을 주는 것이 아니라 오히려 그들이 내게 도전을 주고 은혜를 주었다. 예수 믿는 청년들은 유학생들이 많이 온다며 믿지 않는 청년들을 코스타에 데려오곤 했다. 한국에선 일류대를 졸업하고 잘나가던, 그래서 교만하던 청년들이 미국에 오면 마음이 가난해진다. 영어도 제대로 안 되고, 공부도 어렵고, 가난한 생활을 하다 보니 마음이 가난해진 것이다. 이럴 때 복음이 들어간다. 그런 청년들을 볼 때면 추수할 곡식은 많은데 일꾼이 부족하다는 말이 실감난다. 그들을 보며 그들을 향한 하나님의 마음이 느껴져 눈물을 흘리며 기도하게 된다. 나 역시 나의 사명과 달려갈 길을 재확인하곤 한다. 이곳에서 경험하는 성령의 열기는 심장이 녹을 듯 뜨겁다. 하나님 나라가 확장되는 기운을 고스란히 느낄 수 있다.

대형 집회를 통해 하나님은 내게 더 넓은 곳에 흩어져 사는 한인 디아스포라를 향한 마음을 주셨다. 그 비전은 미국, 유럽, 남미, 전세계에 이르기까지 구체적으로 확인되었다. 어느 나라를 가든 하나님은 동일하게 일하고 계셨고 청년 대학생들은 인생의 향방을 찾아 헤매고 있었다. 하나님이 왜 나를 청년 시절에 그토록 지독하게 훈련시키시고 전도와 말씀 묵상에 열심을 내게 하셨는지 이해할 수 있었다. 내가 왜 미국에 와서 일해야 했고, 평신도 사역자가 되어 한 걸음씩 나아가게 되었는지 너무나 선명하게 이해되었다.

언제나 그렇듯 깨달음은 실천으로 적용되어야 한다. 청년들을 향한 나의 뜨거운 마음은 코스타(러시아, 뉴욕, 남미, 중국 등)를 통해 한인 유학생을 보게 하시더니 JAMA(Jesus Awakening Movement for America/All nations)를 통해 전 세계 흩어진 한인 2세를 보게 하셨다. 하나님의 세밀한 계획이요 경영하심이었다.

JAMA는 한인 유학생이 아니라 전 세계에 흩어져 살고 있는 코리아 디아스포라들(Korea Diaspora)의 자녀를 위한 기관이다. 이민 온 부모에게서 자란 2세들은 여러 가지 정서적 마찰과 혼란으로 인해 현지에서 적응하지 못하고 있었다. 그들의 고민과 방황, 정서적 문제들을 위해서는 전문적인 상담과 돌봄이 필요했다. 하나님은 내게 이들을 위한 기관을 설립하는 비전을 주셨다. 그들이 변화되면 그들의 삶도 성공적으로 경영될 뿐 아니라 복음 전도의 강력한 통로가 될 수 있었다. 현실은 막막했지만 하나님이 주신 비전으로 알고 기관을 설립했다.

1993년 당시 알래스카 대학의 김춘근 교수, 강순영 CCC 간사 (현재 목사)와 함께 JAMA를 세웠다. 1993년 10월 28일부터 11월 1일까지 6명의 평신도 리더들이 모여 함께 기도하면서 시작한 이 JAMA 운동은 역대하 7장 14절 약속의 말씀을 바탕으로 그리스도인 재미교포들이 중심이 되어 미국과 세계를 영적, 도덕적으로 살리기 위한 회개와 기도, 영적 대각성 운동이다. 한인 2세들을 깨워 그 땅을 점령하고자 하는 목표가 있는데, 현재 캐나다, 유럽, 남미, 호주, 뉴질랜드로 뻗어나가고 있다.

JAMA와 KOSTA는 모양은 다르지만 젊은이들에게 메시지를 전한다는 동일한 비전을 갖고 있다. JAMA는 매년 100여 명의 제자들을 훈련시키고 있는데, GLDI(Global Leadership Development Institute)는 미국과 전 세계 2세 지도자로 육성하는 프로그램이다. 나는 JAMA에서 국제사역총무(Overseas Ministry Director)로 섬기고 있다.

코스타를 통해서도 최장기 강사로서 매년 다양한 나라에서 젊은이들을 만나고 있다. 비전과 큐티를 비롯해 데이트와 성 그리고 결혼, 일터 등 다양한 주제로 강의한다. 강의를 준비할 때마다 하나님은 내게 한 영혼이 변화되는 현장 속에서 하나님의 일하심을 더 생생히 보게 하신다. 날마다 내 영혼이 새로워지지 않고서는 하나님의 계획과 섭리를 전할 수 없기에 말씀으로 나를 다듬어 가신다.

## 감당할 수 없는 복음의 힘

하나님은 나의 비전을 계속 키워 주셨다. 비전은 내가 만드는 것이 아니라 하나님이 주시는 꿈이다. 야망은 모든 사람들이 가질 수 있지만 비전은 예수님을 인격적으로 만난 사람들만이 갖는 꿈이다. 야망(ambition)과 비전(vision)은 다르다. 야망은 자기중심, 자기 창출, 자기 영광, 자기 성취, 자기 만족 등 전부 자아의 개념이 들어간다. 하지만 비전은 하나님이 직접 만드신 꿈이며 하나님 중심이고, 하나님의 영광이다.

"너희 안에서 행하시는 이는 하나님이시니 자기의 기쁘신
뜻을 위하여 너희로 소원을 두고 행하게 하시나니"(빌 2:13).

하나님의 기쁘신 뜻이 나의 소원이 되는 것이 비전이다. 하나님의 꿈이 나의 꿈이 될 수 있으려면 끊임없이 복음의 현장에 있어야한다. 현실은 잠시만 한눈을 팔아도 온갖 종류의 유혹이 낚아채 가는 위험한 현장이다. 나 역시 매번 그런 유혹에 직면한다.

언젠가 후배와 내가 비슷한 수준의 집을 샀는데, 그 후배는 돈을 많이 모아 더 크고 좋은 집으로 이사했다. 하지만 우리는 처음 산집에서 살다 나중엔 더 작은 집으로 이사하게 되었다. 나에게도 돈

을 더 많이 벌 기회가 있었다. 하지만 사명을 뒤로한 채 그 유혹에 넘어갔다면 어떻게 사명을 감당할 수 있었겠는가. 돈의 유혹, 세상 유혹을 끊지 못하면 세상의 비웃음거리가 되고 만다. 국회 청문회를 보라. 그리스도인으로서 장관 후보로 지명되었지만 각종 의혹 때문에 세상의 비웃음거리가 되는 경우가 얼마나 많은가. 예수 믿을수록 바르게, 말씀에 비추어 살아야 한다. 예수 믿는다고 하면서 생활 속에서 예수님의 향기가 나오지 않는다면 그 믿음은 죽은 믿음이다.

하나님은 하나님의 꿈을 이루기 위해 비전의 사람들을 끝없이 복음의 현장으로 초대하신다. 가정으로, 직장으로, 교회로, 다양한 공동체 속에서 일하시는 하나님을 만나게 하신다. 그 복음의 힘을 매일매일 느낄 때라야 우리는 비전을 놓치지 않고 지켜 나갈 수 있다.

비전은 우리에게 궁극적인 목적을 갖게 한다. 궁극적인 목적이 생기면 인생의 지경이 넓어진다. 이것이 하나님의 이치다.

하나님을 사역의 현장, 복음의 현장에서 목도하면 나의 현재는 달라질 수밖에 없다. 먹고 입고 자는 육체적 안녕을 위해 에너지를 쏟지 않게 된다. 나의 만족, 나의 성취, 나의 영광에서 하나님의 영광, 하나님의 성취, 하나님의 만족으로 바뀐다. 하나님이 나를 책임져 주시는 것도 이 때문이다. 이것이 하나님의 인생 경영이요,

비전 인생으로 가는 길이다. 피곤치 않고 독수리가 날개를 쳐 오름 같이 비상할 수 있는 근원적 힘이 여기에서 나오는 것이다.


## 나는 어떤 그리스도인인가?

그리스도인이 누구인가? 그리스도인은 예수님을 구주로 영접하여 구원받은 하나님의 자녀다. 빛과 소금으로서 세상을 변화시키고, 착한 행실로 하늘 아버지께 영광을 돌릴 사명을 받은 자들이다. 미국은 기독교 국가고, 많은 이들이 예수님을 믿고 있다. 그런데 과연 이들이 미국 사회에 영향을 미치고 있는가? 날이 갈수록 범죄가 늘어나고 성 문제, 이혼, 에이즈, 마약, 가정파탄 등 극심한 혼란이 미국 사회를 어지럽히고 있는 것을 보면 '그렇다'고 대답하기 힘들다. 비단 미국뿐이겠는가? 우리나라도 인구의 20%가 그리스도인이지만 거룩한 영향력은 거의 나타나지 않는 것 같다. 주님은 분명 그리스도인을 '세상의 소금과 빛'이라고 하셨는데 왜 세상에는 빛이 보이지 않을까? 그 이유는 진짜 그리스도인이 별로 없기 때문이다.

로마가 기독교를 국교로 삼을 당시 로마의 그리스도인은 인구의 10%도 되지 않았다고 한다. 알다시피 로마는 기독교를 무척이나 핍박했다. 그러나 단 10%의 그리스도인이 진짜 소금으로 살았기에 로마 전체가 복음화된 것이다.

미국이나 우리나라가 점점 퇴폐적으로 변하는 것은 이름만 그리스도인일 뿐, 믿지 않는 자들과 다를 바 없이 살기 때문이다. 이중적으로 사는 그리스도인 때문에 사회가 점점 더 어지러워지고 위선적으로 변해 가는 것이다.

그리스도인이 이러한 삶을 살고 방황하는 이유는 성경적 가치관과 인생관, 세계관을 잃어버렸기 때문이다. 기독교적 세계관이 부재하기 때문이다. 기독교적 세계관이란, 하나님 말씀의 원리에 입각해서 세상과 인생, 문화 전체를 인식하고 이해하며 하나님 중심으로 인생을 바라보는 것이다. 성경의 원리에 입각한 기독교적 인격과 사상이 삶의 모든 영역에 배어들어 그리스도 중심으로 살며 하나님을 영화롭게 하는 것이다.

그런데 문제는 그렇게 살기 어렵다는 것이다. 예수님을 믿기는 하지만 가치관이 변하지 않았고, 예수님을 구주로 영접했지만 주님으로 영접하지 않았기 때문이다. 예수님이 모든 죄악에서 구원해 주셨음을 믿고 십자가의 도도 믿지만 예수님을 삶의 온전한 주인으로 모시지 않았기 때문이다. 주님의 종으로 사는 것이 아니라 주님의 주인으로 살기 때문이다.

과연 어떻게 해야 이런 이원론적 삶을 깨뜨리고 성도답게 살 수 있을까? 복음이 우리 삶과 인격 속에서 구원의 능력으로 나타나기 위해서는 예수의 주 되심에 대한 철저한 순종이 있어야 한다. 나 역시 믿음과 삶의 불일치로 많은 고민을 했고 여전히 고민하고 있다. 꽤 오래전이지만, 같이 일하던 한국인 의사와 다툰 일이 있다. 말다툼 끝에 그가 내게 이렇게 말했다.

"예수 믿는 당신이나 안 믿는 나나 뭐가 달라? 돈 좋아하는 것 똑같고, 성질 내는 것 똑같고 말이지⋯⋯."

그때 얼마나 큰 충격을 받았는지 모른다. 예수 믿는 사람으로서 직장에서 전혀 그리스도인다운 삶을 살지 못했다는 자책과 빛과 소금은커녕 오물로 살고 있었다는 책망이 뒤따랐다. 회개하지 않을 수 없었다. 그것을 계기로 큐티가 새로워지면서 내 삶에서 예수님의 주 되심을 선포하기 시작했다.


진짜 예수쟁이로⋯⋯

예수님을 주인으로 모실 때 진정한 성도의 삶이 이루어진다는 것은 누구나 잘 아는 진리이지만 막상 생활 속에서 이 진리를 접목하고 있는 사람은 많지 않다. 모든 순간을 주님께 의지하며 주님의 인도하심을 따르는 것은 큐티와 깊은 연관이 있다. 물론 나는 큐티를 본격적으로 시작하기 전에도 교회에서 장로였고, 누구나 인정하는 그리스도인이었지만 그 전과 후의 삶은 많이 달랐다. 주님을 영접한 분명한 체험과 구원의 감격은 있었지만, 하루의 전부를 주님께 내어 드리며 주님의 세세한 인도하심을 받지는 못했었다. 큐티가 내 생활의 일부가 되면서 서서히 예수님의 주 되심이 생활 가운데 이루어졌다. 순간마다 주님께 물어 보는 훈련이 시작된 것이다.

"주님, 이렇게 해야 합니까, 저렇게 해야 합니까?"

예수님이 주인이고 나는 종이다. 종은 주인의 뜻대로 살아야 한다. 그래서 매사를 주인께 물어야 하는 것이다. 그러면 놀라운 일이 일어난다. 대학생들과 상담하다가 어떻게 대답할지 몰라 난감할 때 주님께 물으면 주님은 특별한 지혜를 주신다. 상대방의 이야기를 들으며 마음속으로 짧게 기도하는데도 생각지 못한 지혜가 떠오른다. 이런 지혜는 내 경험이나 상식으로는 떠올릴 수 없는 그런 지혜다.

물론 내게도 어려운 일, 낙심되는 일이 생긴다. 좌절하거나 실의에 젖어 힘겹게 주님께 묻는다. "주님, 이것은 무슨 의미입니까? 이것을 통해 무엇을 말씀하시려는 것입니까?" 그러면 분명하지는 않지만 시련에 대해 담대해질 힘을 얻곤 한다.

주님이 내 삶의 주인이 되면 신기하게도 미운 사람들이 없어진다. 매사에 조금씩 지고 덜 갖자고 마음먹기 때문에 사람들과 관계가 좋아진다. "예수 믿는 당신이 예수 안 믿는 나와 무슨 차이가 있냐?"고 따진 동료 의사도 부지런히 섬기기 시작했다. 내 힘으로 섬긴 것이 아니다. 내 힘으로 했다면 위선이 주는 무게 때문에 얼마 못가 나가떨어졌을 것이다. 말씀 묵상의 힘, 주님이 주시는 힘으로 그를 섬겼다. 그러자 차츰 그도 교회에 나가기 시작했고, 집사의 직분을 받았다. 그러곤 "나도 닥터 박처럼 살고 싶다"면서 선교 여행으로 해외까지 다녀오더니 완전히 딴사람으로 변해 버렸다. 내가 예수님의 주 되심을 인정할 때 주변 사람들까지 변한다. 주님을 위해 조금 더 손해 보고 조금 더 낮아질 때 주님이 주시는 한없는 복을 맛볼 수 있다.


은퇴는 없다, 타이어를 바꿀 뿐

하나님은 하나님의 사람들에게 시간표를 주셨다. 이삭, 아브라함, 요셉, 모세에게도 그 계획표를 따라 일하셨다. 어떤 이는 1단계로, 어떤 이는 2단계로, 어떤 이는 3단계, 4단계의 삶을 살게 하신다. 어떠한 삶을 살게 되든 하나님의 섭리 속에서 이루어지는 것이다.

바울은 2단계의 인생을 살았다. 예수 믿는 자들을 잡아들이는 삶을 살다가 다메섹 도상에서 완전히 바뀌어 예수 전도자가 되었다. 모세는 궁중에서 40년, 미디안 광야에서 40년, 출애굽에서 40년의 3단계 인생을 살았다. 또 누군가는 아메리칸 풋볼과 농구 경기에서처럼 4단계의 인생을 경험하기도 한다. 이 모든 단계 속에서 하나님은 '때'에 대해 말씀하고 계신다.

내 인생은 전반적으로 볼 때 4단계다. 대학 2학년 때, 40세까지는 전문의사로, 40세 이후엔 말씀사역자로, 최근에 하나님은 내게 4단계 인생도 있음을 알게 해 주셨다. 세상적인 기준에서 보면 나는 은퇴할 시기가 되었고 혹 지나기도 했다. 하지만 하나님의 관점에서 보면 은퇴는 없다. 더욱이 복음 전도의 현장에서 은퇴는 허락되지 않는다. 하나님이 일하시기에 나도 일해야 한다.

영어 'retire'는 은퇴를 뜻하지만, 나에게 'Re-Tire'는 은퇴가 아니라 타이어를 새롭게 바꾸는 것이다. 한국에서 의학을 공부하고 의사로 발돋움 하는 기간인 코리안 타이어(Korean Tire), 미국에서 전문의로 살게 하신 아메리칸 타이어(American Tire), 더 넓은 세계무대로 다니며 하나님의 복음을 전하는 글로벌 월드 타이어(Global World Tire)의 시간들을 살아가고 있다. 나를 향한 하나님의 인생 경영이다.

내가 60세에 의사를 그만두었을 때 주변 사람들은 돈도 잘 벌고 시간도 많고 여행 다니며 편하게 살 수 있는데 왜 그만두느냐며 이상하게 여겼다. 예순이 넘은 나이임에도 나는 원하기만 하면 많은 급여를 받으며 의사로서 일할 수 있었다. 하지만 나는 안락을 뒤로 하고 하나님의 일을 하는 데 프로가 되기로 했다. 하나님께 내 인생을 맡기는 훈련이 되어 있지 않았다면 불가능했을 선택이었다. 복음의 현장에 있었기에 가능했다.

요즘 젊은이들은 쉽게 돈 벌고 싶어 한다. 새벽 5시까지 수다를 떨며 시간을 낭비하면서도 그것을 시간 낭비라고 생각하지 않는다.『섬기는 부모가 자녀를 큰사람으로 키운다』의 저자 전혜성 박사도 아이들에게 인생의 목적을 가르치는 것이 중요하다고 했다. 꿈이 있는 아이들은 성취의 수준이 다르고, 사회적 활동 범위가 다를 수밖에 없다.

모르드개와 에스더를 보아도 꿈과 비전이 있는 사람의 인생은 다르다는 것을 알 수 있다. 모르드개는 에스더를 통해 이스라엘 백성을 살릴 수 있음을 알았다. 그래서 에스더를 도왔다. 하나님 나라를 위한 궁극의 목적이 있었던 것이다.

"모르드개가 그를 시켜 에스더에게 회답하되 너는 왕궁에 있으니 모든 유다인 중에 홀로 목숨을 건지리라 생각하지 말라 이때에 네가 만일 잠잠하여 말이 없으면 유다인은 다른 데로 말미암아 놓임과 구원을 얻으려니와 너와 네 아버지 집은 멸망하리라 네가 왕후의 자리를 얻은 것이 이 때를 위함이 아닌지 누가 알겠느냐 하니 에스더가 모르드개에게 회답하여 이르되 당신은 가서 수산에 있는 유다인을 다 모으고 나를 위하여 금식하되 밤낮 삼 일을 먹지도 말고 마시지도 마소서 나도 나의 시녀와 더불어 이렇게 금식한 후에 규례를 어기고 왕에게 나아가리니 죽으면 죽으리이다 하니라 모르드개가 가서 에스더가 명령한 대로 다 행하니라"(에 4:13-17).

모르드개는 하나님의 관점에서 에스더가 왕후의 자리에 있는 이유를 보았다. 에스더 역시 자기가 왕후의 자리에 오른 것이 이때를 위함인 줄 깨닫고 죽음을 각오했다. 이것이 꿈이 있는 사람의 다른 점이다. 그러나 더 중요한 것은 꿈과 비전이 있다면 경영을 해야 한다는 사실이다.

"사람이 마음으로 자기의 길을 계획할지라도 그의 걸음을 인도하시는 이는 여호와시니라"(잠 16:9).

편하게 편하게, 쉽게 쉽게 흘러가는 대로 가려는 것은 우리의 죄성 때문이다. 작은 꿈이라도 꿈을 꾸어야 하며 그 꿈이 어떤 방향을 향하는지 알아야 한다. 부모는 자녀에게도 자녀의 꿈이 왜 소중한지, 왜 그 꿈을 이루어야 하는지, 하나님이 그 꿈을 기뻐 받으실지 물어야 한다. 그러면 아이들은 조금씩 변하게 되어 있다. 부모가 직장에서는 은퇴할지언정 복음의 현장에서는 은퇴하지 않고 날마다 새롭게 사는 것, 그것이야말로 아이들이 궁극적으로 가져야 할 미래의 자기 모습이다.

유년기, 청소년기, 청년기, 중년기, 장년기를 지나 맞는 인생의 절정이 황금기다. 인생이라는 경기를 다 완주했을 때 하나님은 MVP 상도 주시고 축하 파티도 열어 주시고 좋은 선물도 주실 것이다. 그러므로 우리 인생이 후반부로 갈수록 더욱 최선을 다해 살아야 한다. 후반부에 절정의 에너지를 쏟게 하는 것, 그것이 바로 복음의 힘이다. 하나님은 변함없이 비전을 향한 우리의 행보를 이끄실 것이다. 타인을 향해 우리 자신을 내어놓을 때 하나님은 우리에게 우리가 기대하지 않은 하나님 나라의 비밀들을 툭툭 열어 보이실 것이다. 하나님이 우리를 형통케 하신다는 약속은 바로 이를 두고 하신 말씀이다.

# 인생은 마라톤 경주다

꿈과 비전이 있다면 경영을 해야 한다.
나는 유아기부터 황금기까지 마땅히 해야 할 일과 받아야 할 교육을 적어 계획했다.

출생

| 1세 | 10세 | 20세 | |
|---|---|---|---|
| 유아/유년기 | 청소년기 | 청년기 | |
| 기초 교육 | 사춘기 | 성년기 | |
| 사랑받음 | 자아상 | 자아상 확립 | |
| 인정받음 | 자존감 | 자존감 | |
| 격려 | 대화 | 정체성 | |
| 신앙 교육 | 변화 적응 | 리더십 개발 및 훈련 | |
| 성품 교육 | 재능 발견 | 배우자(결혼) | |
| 소속감 | 전공 | 안정된 가정과 직장생활 | |
| 배려하는 마음 | 비전 세움 | 비전의 생활화 | |

교육 및 마땅히 행할 일들

"운동장에서 달음질하는 자들이 다 달릴지라도 오직 상을 받는 사람은 한 사람인 줄을 너희가 알지 못하느냐 너희도 상을 받도록 이와 같이 달음질하라"(고전 9:24).

"나는 선한 싸움을 싸우고 나의 달려갈 길을 마치고 믿음을 지켰으니"(딤후 4:7).

| | | | 천국행 |
|---|---|---|---|
| 40세 | 60세 | 80세 | 100세 |
| **중년기** | **장년기** | **황금기** | |
| 리더십 확립<br>(가정, 직장, 사회, 교회) | 영향력의 극대화 | 인생 축제 | |
| | 성공보다는 의미와<br>보람 추구 | 멋진<br>롤 모델 보임 | |
| 영향력 | 다음 세대 준비함 | 후배 양성 | |
| 성공과 안정된 삶 | 글로벌 리더십 개발 | 마지막 책 출간 | |
| 사역의 확장 | 극대화된 사역기 | 인생 총정리 | |
| 변화의 적응 및 훈련 | 오대양 육대주로<br>지경을 확장<br>(온 천하 땅끝까지) | Post-game Show<br>영, 혼, 육의 성숙과 강건함 | |
| 점점 지경을 더 넓힘 | | 천국 입성 준비 | |
| 인생의 하프타임 | 인생의 클라이맥스 | | |

# 하나님이 원하시는 실력자

갈렙은 영적 실력을 갖춘 사람이기에 거인인 아낙 자손들이 두렵지 않았다.
영적 실력은 실력 중의 실력이요, 가장 마지막에 힘을 발휘할 결정적인 실력이다.
하나님을 알고, 예배하고 하나님께 순종할 수 있는 것, 그것이 실력이다.

  누군가 내게 인간으로서 감사한 것 한 가지를 꼽으라고 한다면 나는 이것만큼은 빼놓고 싶지 않다. 바로 '삶을 살아간다'는 것이다. 삶이 곧 살아가는 것이요 인생이지만 인간에게만 주신 하나님의 은혜다. 그 어떤 피조물도 자신의 생각을 가지고 자신의 삶을 생각하며 살아가지는 못하기 때문이다.

  '하나님이 보시기에 좋은' 자녀가 되기 위해서는 세상에서 영향력을 끼칠 수 있는 사람이 되어야 한다. 그래야만 하나님이 원하시고 그분의 소원하심대로 내 삶을 이뤄 나갈 수 있다. 그분은 우리가 세상에서 무가치하거나 쓸모없는 사람이 되길 원하시지 않는다. 이것을 간과하는 그리스도인은 없겠지만, 막상 이런 사람이 되지 않기 위해 자신이 무엇을 하고 있는지를 돌아본다면 차이가 있음을 알게 될 것이다. 아는 것과 그 아는 것을 삶으로 실천하는 것은 다르기 때문이다.

하나님은 우리에게 세상을 다스리라고 하셨다(창 1:28). 온 민족에게 땅끝까지 복음을 전하라고 하셨다(행 1:8). 그 일을 하기 위해 사람들이 우리의 목소리에 귀 기울이도록 만드는 힘을 가져야 한다. 현대 사회에서 '힘'을 다른 말로 표현하면 '실력'이다. 나는 이 실력을 키우는 것이야말로 흥미진진한 인생을 경영하는 첫걸음이라고 생각한다.


세상의 스펙 vs. 하나님의 스펙

하나님이 보시기에 좋은 인생을 경영하려면 어떤 실력을 키워야 할까. 인생 경영의 첫 단추는 다름 아닌, 자신의 실력을 키우는 것, 즉 '자기 관리'다. 자기를 관리하는 자만이 실력을 키울 수 있다. 자신을 관리하고 경영해 나갈 수 없는 사람이 실력이 있다는 것은 모순이다. 실력은 그야말로 진정한 힘을 말하는데, 그리스도인들의 실력이란 생명을 살리는 변화를 일으키는 힘을 말한다.

나는 세계 여러 나라를 돌아다니면서 진정한 실력이 무엇인지를 보게 되었다. 그리고 아쉽게도 한국에서 가르치는 실력은 성경에서 말하는 실력과 크게 다르다는 것을 알게 되었다. 잘못된 가치관에서 벗어나지 않으면 우리는 '하나님이 보시기에 좋은' 실력이 아니라 '세상이 보기에 좋은' 실력을 갖추느라 일생을 허비할 수 있다. 요즘 사람들이 말하는 스펙을 쌓느라 하나님은 안중에도 없는 허망한 삶을 살지 않으려면 지금부터라도 정신 바짝 차리고 성경 말씀에 귀 기울여야 한다.

하나님이 원하시는 실력은 전인격적인 실력이다. 전인격적이란 '영, 혼, 육이 조화를 이룬 인격'을 말한다. 인생 경영에서 필요한 실력은, 공부를 잘하는 것보다 전 인격적 실력이다. 공부를 잘하는 것이 불필요하다는 이야기가 아니라, 공부가 최고의 실력이 아니라는 말이다.

무엇보다 가장 중요한 실력은 '영적 실력'이다. 그 대표적 인물이 여호수아 14장 6절부터 나오는 갈렙이다. 갈렙은 진정한 영적 실력자이며, 내가 성경 인물 중 가장 좋아하고 닮고 싶은 인물이기도

하다.

갈렙은 영력이 탁월한 인물이다. 14장에서 반복적으로 사용되는 표현을 우리는 눈여겨볼 필요가 있다.

"나의 하나님 여호와를 온전히 좇았으므로"(8절, 개역한글).
"네가 나의 하나님 여호와를 온전히 좇았은즉"(9절, 개역한글).
"그가 이스라엘의 하나님 여호와를 온전히 좇았음이며"
(14절, 개역한글).

하나님도 친히 45년 전에 갈렙을 충성된 종이라고 말씀하셨다.

"오직 내 종 갈렙은 그 마음이 그들과 달라서 나를 온전히 좇았은즉"(민 14:24, 개역한글).

말씀에 근거해 볼 때, 갈렙은 하나님과 친밀한 관계였고 하나님의 마음을 아는 사람이었다. 이것이 영적 실력이다. 부모와 오랫동안 같이 산다고 해서 부모를 아는 것은 아니다. 부모에게 관심을 가지고 자주 만나 인격적 교감을 가져야 부모를 알 수 있다. 갈렙은 하나님과 그러한 관계였다. 그는 영적 실력을 갖춘 사람이기에 거인인 아닌 자손들이 두렵지 않았다. 영적 실력은 실력 중의 실력이요, 가장 마지막에 힘을 발휘할 결정적인 실력이다. 하나님을 알고, 예배하고 하나님께 순종할 수 있는 것, 그것이 실력이다.

어떤 여행자가 여행 중에 한 수도사를 만나게 되었다. 그 수도사가 사는 형편을 보고 여행자가 말했다.

"당신은 가구가 별로 없군요. 다른 가구들은 어디 있나요?"

수도사가 한참 동안 여행자의 얼굴을 보며 웃었다. 그리고 이렇게 대답했다.

"당신의 가구는 어디 있지요?"

갑작스런 질문에 당황한 여행자가 수도사에게 다시 물었다.

"전 여행 중이잖아요. 제가 지금 어떻게 가구를 가지고 있겠습니까?"

그러자 수도사가 그를 보며 미소를 지었다.

"저도 당신과 똑같습니다. 저는 인생이란 여행을 하고 있습니다. 그런데 제가 어떻게 가구를 가지고 있겠습니까?"

수도사에게는 수학 문제를 잘 푸는 능력도, 영어를 유창하게 하는 능력도, 재테크를 잘하는 능력도, 시사경제 뉴스를 꿰고 있는 능력도 필요치 않았다. 수도사로서 그가 갖추어야 할 것은 바로 이 실력이다. 자신이 왜 수도의 길을 걷고 있는지, 수도의 길이 어떠해야 하는지를 잘 알기에 그 길에 맞게 자신의 인생을 경영하는 능력, 이것이 바로 수도사의 실력이요 영적 능력이다.

요즘 순례의 길을 떠나는 사람들이 부쩍 많아졌다. 너나없이 국내외로 다양한 길을 걸으며 삶의 이면들을 돌아보고 계획하는 것 같다. 자신의 인생을 돌아보는 것, 그것이 어쩌면 현대인들에게 가장 필요한 일인지도 모른다. 그런데 현대 그리스도인들에게 가장 필요한 일은 나 자신을 스스로 살펴보는 게 아니라 하나님께서 자기의 인생을 통해서 무슨 일을 원하시는지를 깨닫는 일일 것이다. 그것이 우리의 영적 능력을 날마다 복습하고 예습하게 하며 성장시키는 원동력이 아닐까?

인생이란 여정을 걷는 동안 하나님의 가이드에 따라 그 길을 또박또박 걷는 것, 그것이 비전 인생을 사는 것이다. 누가 그 길을 걸어가는가. 바로 내가 나 자신의 길을 그분과 함께 걷는 것이다.

하나님의 속도에 따라 걷기 위해서는 하나님이 어디로 가시고 우리를 어디로 데려가실지 한눈팔지 말고 보아야 한다. 그것이 영적 실력을 기르는 비결이다. 한순간에 근육이 생기지 않듯 날마다 노력하고 땀을 흘려야 영적 근육도 생긴다. 뚱뚱한 사람이 하루아침에 날씬해질 수 없듯이 영적 실력도 하루아침에 생기지 않음을 잊지 말아야 한다.

현대 사회에서 당당히 하나님이 원하시는 인생을 경영하는 첫 번째 실력은 바로 영적 실력을 기르는 일이다. 영적 실력을 기르기 위해 당장 무엇부터 해야 할지 구체적으로 계획을 짜는 일을 더 이상 미루지 말자.


## 공부 위에 공부, 지력 갖추기

둘째, 우리가 길러야 할 실력은 지력이다. 현대 사회는 산업 정보 사회요 첨단 기술 사회다. 21세기 유비쿼터스(Ubiquitous) 시대에서 영향력 있는 사람들의 공통점은 사회에서 필요로 하는 지력을 갖추었다는 것이다. 그것은 모든 지식을 겸비하는 것이 아니라 자기 분야에서 지식을 겸비하는 것을 말한다. 호세아서에서 하나님은 지식이 없는 백성의 결말을 보여 주셨다.

> "내 백성은 나를 알지 못해서 망한다. 너희 사제라는 것들이 나를 알려고 하지 않으니 나도 너희를 사제직에서 몰아낸다. 이 하느님의 가르침을 마음에 두지 않으니 나도 너희 자녀를 마음에 두지 않으리라"(호 4:6, 공동번역).

하나님이 원하시는 지식 중의 지식은 바로 하나님을 아는 지식이다. 우리는 현대 사회가 필요로 하는 지식 위에 반드시 하나님을 아는 지식을 갖추어야 한다. 그래야만 생명을 살리는 지식과 생명을 멸하는 지식을 구분할 수 있고 그 지식을 판별하며 하나님의 가치관으로 지력을 사용할 수 있다. 실제로 탁월한 지식을 갖췄어도 하나님을 모르기에 잘못 사용하여 사람들을 고통에 빠뜨리는 자들을 역사를 통해 수도 없이 발견하게 된다.

피아노를 치는 사람의 지력은 피아노를 잘 아는 것이다. 운동선수는 자신의 운동 분야에서, 예술가는 예술 분야에서, 학자는 학문 분야에서 지력을 갖추면 된다. 훌륭한 투수는 한 가지 방법으로만 공을 던지지 않는다. 직구, 변화구 등 다양한 볼을 구사하되 그중에서 자신의 특장기를 개발한다. 이것이 지력이다.

세계 최고의 피겨 스케이트 선수도, 세계 정상급의 발레리나도, 세계에서 인정받는 축구선수도 양말을 벗겨 보면 발이 상처투성이에 못생겼다. 그러나 그 누구도 발이 못생겼다고 그들을 무시하지 않는다. 오히려 그 발을 보고 감동을 받는다. 그들에게 필요한 것은 잘생긴 발이 아니기 때문이다.

바로 여기에 하나님의 놀라운 섭리가 있다. 지구상에 수많은 피조물들을 만드셨지만 한 사람에게만 많은 재능을 집중시키지 않으시고 고루 재능을 나누어 준 하나님의 깊은 사랑은 참다운 지력가의 면모다. 그분만큼 진정한 실력을 갖춘 분이 계실까. 그분은 세상의 이치를 다 운영하시고, 사람들을 경영하시고, 상처와 고통으로 죽어 가는 사람들을 생명으로 부르신다. 이것이 바로 우리가 지향해야 할 지력의 방향이다. 나를 이롭게 하는 지력이 아니라 다른 이들을 이롭게 하고, 나아가 그 '앎'이 하나님 나라를 이루는 데 힘이 되게 하는 것이야말로 진정한 지력이다.


### 갈렙과 같은 강건함

아는 것을 실천하는 데도 힘이 필요하다. 이 힘이 세 번째 실력인 체력이다. 건강하지 않고는 세상에 영향을 끼치기는 쉽지 않다. 자신을 관리하고 자신의 삶을 하나님의 방향으로 순응하며 경영하기 위해서는 반드시 체력이 있어야 한다. 때로 하나님이 우리에게 육체적 질병을 주어 제한적인 삶을 살도록 허락하실 때도 있지만, 그럴지라도 그 한계 안에서 하나님께 더욱 쓰임 받을 수 있도록 자신의 건강을 각별히 돌보아야 한다. 어떤 순간에도 하나님은 우리가 자신의 육체를 홀대하거나 소홀히 하는 것을 원하지 않으신다. 신명기 32장 10절은 "여호와께서 그를 황무지에서, 짐승이 부르짖는 광야에서 만나시고 호위하시며 보호하시며 자기의 눈동자같이 지키셨도다"라고 기록하고 있다. 하나님은 우리의 몸이 상하는 것을 원하지 않으신다. 시편 기자 역시 "여호와는 너를 지키시는 이시라 여호와께서 네 오른쪽에서 네 그늘이 되시나니 낮의 해가 너를 상하게 하지 아니하며 밤의 달도 너를 해치지 아니하리로다"(시 121:5-6)고 고백하고 있다.

평신도들 중에는 "나이 들면 선교하고 싶다", "젊을 때 열심히 일해서 남은 생은 하나님께 드리고 싶다"고 말하는 이들이 많다. 하지만 하나님의 계획은 우리와 달라서, 예기치 못한 많은 순간들에 하나님의 '작전'을 만나게 된다. 그 작전에는 우리의 건강도 포함되어 있다. 하나님께 쓰임받고 싶다면 지금 자신의 건강을 지켜야 한다.

'성경 통독표'로 유명한 스코틀랜드의 유명한 목회자인 로버트 맥체인 목사는 29세라는 이른 나이에 하나님의 부르심을 받았다. 그는 하나님을 만난 이후 단 한 순간도 하나님과 멀어져 본 적이 없다. 어떻게 하면 하나님의 거룩하심을 닮을 수 있을까 고뇌했고, 성경 묵상과 영적 독서로 감동적인 삶을 살았다. 그는 죽음을 앞두고 자기 몸을 혹사시켜 말씀을 더 많이 전하지 못함을 안타까워했다.

"하나님은 나에게 전파할 메시지와 타고 다닐 말(자신의 육체)을 주셨다. 하지만 나는 이 말을 너무 혹사하여 죽을 지경으로 만들었기 때문에 더 이상 메시지를 전할 수 없게 되었다."

우리는 살아 있는 동안 하나님의 일을 하기 위해 체력을 갖추어야 한다. 그래야 기도도 하고 전도도 하고 전문가로서 많은 일들을 할 수 있다.

반면 갈렙은 일찍부터 체력을 길러서 연로하여도 건강했다고 성경은 기록하고 있다.

> "오늘 내가 팔십오 세로되 모세가 나를 보내던 날과 같이 오늘도 내가 여전히 강건하니 내 힘이 그때나 지금이나 같아서 싸움에나 출입에 감당할 수 있으니 그날에 여호와께서 말씀하신 이 산지를 지금 내게 주소서……크고 견고할지라도 여호와께서 나와 함께하시면 내가 여호와께서 말씀하신 대로 그들을 쫓아내리이다"(수 14:10-12).

물 한 방울, 그늘 한 자락 찾기 어려운 광야에서 갈렙은 40년 동안 살아남았다. 갈렙이야말로 신앙뿐 아니라 체력 또한 영원한 청년이다. 영원한 청년을 꿈꾸는 내게 갈렙은 나의 롤모델(Role Model)이다. 그분처럼 살기를 기도하고 있다.

## 짐승남 NO! 야성남 YES!

체력을 갖춘 다음에는 정신력의 실력을 갖춰야 한다. 나는 이를 '야성'이라 부른다. 폭풍과 비바람이 몰아쳐도 뚫고 지나갈 수 있다는 생각, 그것이 정신력이다. 폭풍과 비바람을 다스리시는 주님을 믿고 그 너머에 계신 주님을 기대하는 마음이다. 이 마음을 지닌 이들을 나는 '야성의 사람'이라고 부른다.

어린 시절 나는 야성의 사람들을 주변에서 많이 들었고 또한 보았다. 가까이로는 아버지가 그랬다. 가난과 열악한 환경 속에서도 아버지는 하나님을 기대했고 자신을 다스리시며 삶을 개척해 나가셨다. 아버지의 야성이 이뤄 낸 열매로 자녀인 우리는 경제적으로나 신앙적으로나 큰 어려움 없는 복을 누릴 수 있었다.

일본에 가면 '코이'라는 관상용 물고기가 있다. 환경에 잘 적응하는 것으로 유명하다. 코이가 어항에서 살면 5cm까지 크는데 연못에서 살면 25cm까지 자라고, 강물에 풀어 놓으면 1m 20cm까지 자란다. 코이의 이러한 환경 적응력은 우리의 모습과 닮았다. 때로 부모가 자녀를 사랑한다는 구실 아래 작은 수족관에 그들을 풀어 놓는 우를 범하기도 한다. 아이들의 숙제와 경험을 대신해 주는 것은 아이들에게 '사기 치는 것'을 가르치는 것과 같다. 이러저러한 경험을 하는 과정에서 더러 실패도 하고 더러 성공도 하면서 단단

한 사람이 되는 것이다. 그러한 경험이 개척 정신과 도전 정신을 길러 준다. 그것이 내면화되면 진정한 실력자가 된다.

하나님은 우리 모두가 인생이라는 항해를 즐기기를 바라신다. 베이스캠프에만 머물러 있으면 산 정상에 오를 수 없다. 또 누구도 산 정상까지 자기를 대신해 오를 수 없다. 내가 직접 올라야 그 정상을 볼 수 있고 산 아래를 내려다볼 수 있다. 하나님은 우리가 세계를 가슴에 안고 야성의 믿음을, 개척자의 정신을, 도전하는 용기를 갖기 원하신다.

야성, 두려움과 역경을 이기는 정신력, 개척자의 정신 이것이 실력이다. 이것은 어려서부터 훈련해야 하는 것으로 가장 늦게 갖추게 되는 실력이다.


## 정서력과 인간관계력

다섯 번째 실력은 정서력이다. 흔히 EQ(emotional quotient, 감성지수)라고 말하는 것이다. 쓴뿌리도 없고 열등감과 좌절과 분노도 없는 건강한 정서를 말한다. 지력도 있고 체력도 있지만 정서력이 형편없는 사람을 존경하는 사람은 없다.

나는 영원한 청년 갈렙에게서 이 정서력의 좋은 단면을 본다. 갈렙은 아낙 자손들을 보고는 '저들은 내 밥이다'라고 평가했다. 유다 지파인 자신을 제치고 에브라임 지파인 여호수아가 1인자로 지목 받았을 때도 갈렙은 불평하지 않았다. 당시 유다 지파가 강했음에도 갈렙은 하나님이 하시는 일에 반기를 들지 않았고 열등감에 빠져들지도 않았다. 오히려 여호수아를 섬기고 존중했다.

"여호수아가 여분네의 아들 갈렙을 위하여 축복하고 헤브론을 그에게 주어 기업을 삼게 하매"(수 14:13)라고 할 정도로 2인자로서 충성을 다했다. 그는 "헤브론이 그니스 사람 여분네의 아들 갈렙의 기업이 되어 오늘까지 이르렀으니 이는 그가 이스라엘의 하나님 여호와를 온전히 좇았음이라"(수 14:14)는 평가를 받았고, 그로 인해 "그 땅에 전쟁이 그쳤더라"(수 14:15)는 기록을 남겼다. 그럼에도 정서력의 실력을 갖춘 갈렙은 여호수아에게 자신을 인정해 달라고 주장하지 않았다.

갈렙이 가진 이 건강한 정서력이야말로 그의 존재를 별보다 빛나게 만드는 저력이다. 현대 사회에서 정서력을 키워 줄 수 있는 곳은 가정뿐이다. 건강한 정서력은 건강한 자아상을 낳고, 고정관념이나 편견 없이 상대를 받아들이고 인정하는 지혜를 키우게 한다. 하나님은 그 좋은 에너지를 통해 성령의 열매를 맺게 하신다.

"오직 성령의 열매는 사랑과 희락과 화평과 오래 참음과 자비와 양선과 충성과 온유와 절제니 이 같은 것을 금지할 법이 없느니라"(갈 5:22-23).

마음에 평강과 자유함이 있으며, 높은 자에게 비굴하지 않고 낮은 자에게 교만하지 않으며 모든 사람을 감싸고 섬길 수 있는 능력, 그것이 바로 정서력이다.

나는 주님을 인격적으로 만난 후 그 무엇보다 이 정서력에서 큰 변화를 받았다. 20년 넘게 나를 넘어뜨리던 열등감이 사라졌고, 다른 사람들을 경쟁이나 비교의 대상으로 보지 않고 있는 그대로 바라보게 되었다. 하나님이 새롭게 빚으신 정체성과 자아상을 갖게 된 후 나는 '시간을 흘려보내던 킬링 타임 식 인생'을 회개하고 영성 일기를 쓰기 시작했고 성령의 아홉 가지 열매에 따라 새로운 정서를 갖게 되었다.

예수님의 제자 베드로도 예수님을 만난 초기에는 곧잘 다혈질의 성격을 드러내 예수님께 꾸지람을 듣곤 했다. 그러나 주님을 만난 후에 쓴 베드로전·후서를 보면 '인내하라', '온유하라'고 권면하고 있다. 하나님은 우리의 성품을 '성령의 성품'으로 바꾸신다. 시간이 걸리더라도 주님의 형상을 이루기까지 주님은 우리 한 사람을 해산

하는 수고를 아끼지 않으신다.

여섯 번째 실력은 인간관계력이다. 정서력을 갖추었다면 인간관계력도 쌓아야 한다. 실력 있는 사람들은 인간관계, 즉 대인관계가 원만하다. 하나님 안에서 다듬어지고 성령의 인도하심을 따라 인간관계를 맺고 삶의 우선순위에 따라 하루하루를 경영하다 보면 인간관계 또한 귀한 열매를 맺게 된다. 나의 유익에 따라 인맥을 쌓고 인맥을 이용해 비즈니스를 하는 상업적 가치관이 아니기에, 하나님은 우리의 기대 이상으로 사람을 통해 많은 일들을 이루심을 경험하게 된다.

현대 사회에서 인간관계력이 얼마나 중요한지를 시사하는 재미있는 설문조사가 있다. 미국 CEO들에게 어떤 사람을 신입사원으로 뽑겠느냐고 묻자, 그들은 대인관계를 잘하는 사람을 첫손에 꼽았다. 그만큼 대인관계는 실력에서 빼놓을 수 없는 중요한 조건이다. 이런 사람이 많으면 어느 회사든 화평케 되고, 화목하게 된다. 인간관계력은 나이가 들고 경력이 많다고 해서 저절로 얻어지는 것이 아니다. 어느 조직이든 구성원들은 과도한 업무나 적은 연봉보다 인간관계의 어려움 때문에 힘들어한다. 기억하라. 하나님은 반드시 사람을 통해 일하신다. 나의 가족, 나의 동료, 나의 지인들을 통해 하나님은 나의 일들을 이루신다.

실력의 백미, 자기 관리력

나는 기회가 닿는 대로 사람들에게 자기 위치에서 인생을 경영하라고 권면한다. 하나님의 가치관에 따라 인생을 경영하는 것이 그 어떤 연금이나 펀드보다 인생을 풍요롭게 한다고 권한다. 당장 이자가 붙지 않는 것 같고, 수년 동안 노력해도 이렇다 할 결과물이 없는 것 같지만, 하나님의 가치관으로 살면 결국 엄청난 복을 받게 된다.

인생 경영을 위한 마지막 실력은 자기 관리력이다. 영성도 있고 지력, 체력, 정서력, 인간관계력을 다 갖추었어도 자기 관리가 안 되면 삶에 질서가 없고 우선순위에 혼선이 빚어진다. 하나님은 질서의 하나님이시고 때를 따라 일하시는 분이기에 우리는 그분의 성품을 닮아야 한다.

나는 자기 관리가 얼마나 풍성하고 달콤한 열매를 맺게 하는지 잘 안다. 대학 시절 청춘의 시기에 누릴 법한 여러 즐거움을 뒤로하고 절제를 통해 하나님의 훈련을 받았다. 물론 쉽지 않은 일이었다. 하지만 하나님을 따르기로 작정하고 나니 내 삶의 우선순위와 질서를 뒤집을 수 없었다.

자기 관리의 첫째 수칙은 시간 관리다. 시간 관리는 성령의 열매 중 가장 큰 열매라고 나는 감히 말할 수 있다. 단 5분을 낭비하지 않도록 우선순위를 정하고, 기록하고, 절제해야 한다. 그래야 하나님 앞에 부끄럽지 않은 삶을 살 수 있다. 시간에 쫓기는 게 아니라 시간을 관리하며 살아야 한다.

시간을 관리하면 다음으로 돈을 관리하게 된다. 자본주의 사회에서 많은 사람들이 경제적인 문제 때문에 삶의 우선순위를 쉽게 바꾸고 심지어는 삶의 기본 질서까지 어지럽히곤 한다. 하나님은 우리가 돈을 다스리고 관리하길 원하시는데, 그러기 위해서는 절약 절제하는 법을 익히고 돈을 다스리는 재무 지식도 쌓아야 한다. 하나님의 일을 하는 과정에서 돈이 걸림돌이 되어서는 안 된다.

대학 시절, 나는 부모님께 용돈을 받아쓰면서 늘 야단을 맞았다.

"너는 왜 돈 달라는 말을 안 하냐?"

"저 돈 있는데요. 지난달 주신 것도 남았어요."

누군가 들으면 화가 날지도 모르지만, 나는 예수님을 믿고 나서 돈 쓰는 것도 예수님과 부모님께 꼬박꼬박 보고했다. 10원 한 푼 허투루 쓰지 않고 낱낱이 기록해 말씀을 드렸다. 헌금 드리고 책 사서 보는 일 외엔 별로 쓸 일도 없었다. 친구들과 허튼 데 가지 않으니 용돈이 남는 것이 당연했다. 그런 내가 자못 염려가 되었는지 아버지는 "사내는 친구들한테 베풀 줄도 알아야 한다"고 충고하셨다. 그때 이후 부모님께 보고를 드리는 대신 덩치에 맞지 않게 금전출

납부를 썼다. 덕분에 돈 때문에 낭패를 본 기억이 없다. 돌아보면 하나님은 정말 세밀한 부분까지 나를 훈련시키셨다.

인본주의와 개인주의는 돈을 쓰고 싶으면 쓰고, 즐기고 싶으면 즐기라고 권한다. 오늘을 행복하게 사는 것이 중요하다고 설파한다. 하지만 성경의 가르침은 이와 다르다. 오늘 행복하게 살기 위해 내일을 포기하고 내일을 계획하지 않는 이들의 결말을 우리는 뉴스에서 자주 접한다. 그들의 삶은 결코 행복하다고 말할 수 없다. 설사 그들 스스로 행복하다고 말해도 하나님 보시기에는 그렇지 않다. 하나님이 원하시는 삶이 아니기 때문이다.

자기 관리의 세 번째 수칙은 '마음 다스리기'다. 곧 욕심을 관리하는 것이요 무엇보다 정욕을 다스리는 것이다. 특히 남자들에게 반드시 필요한 실력이며, 그리스도인 형제라면 두말하면 잔소리인 실력이다. 이 실력이 없어서 하나님의 이름이 가려지고 기독교가 욕을 먹고 평가절하되는 현실을 분명하게 볼 수 있어야 한다. 미혼자는 미혼자대로, 기혼자는 기혼자대로 자신의 정욕을 하나님 앞에 드리고 하나님 보시기에 부끄럽지 않게 행동할 수 있는 실력을 길러야 한다. 삼손이나 다윗은 이 정욕 관리에 실패하여 고통의 세월을 보낸 것을 우리는 알고 있다. 이것을 타산지석으로 삼아 정욕 관리에 철저해야 한다.

이렇듯 인생 경영의 첫걸음을 떼는 데 필요한 능력이 꽤 많다. 어쩌면 이 능력은 하나님을 내 인생의 주권자로 인정하는 순간 하나님이 주시기로 작정한 능력일 것이다. 내가 시작하기만 한다면 하나님은 능력들을 남부럽지 않게 부어 주실 것이다. 부모에게 열 손가락 깨물어 안 아픈 자녀가 없듯이, 하나님은 한 영혼도 버리지 않으시기 때문이다. 하나님이 주시기로 예비해 놓은 능력들을 천국에 너무 오래 두게 하지 말자. 운전도 배워야 할 나이가 있고, 공부도 해야 할 때가 있고, 체력도 길러야 할 때가 있다. 된장은 묵히면 묵힐수록 깊은 맛이 나지만 인생 경영은 묵힌다고 깊은 맛이 나지 않으며, 이자가 붙는 것도 아니다. 용기 내어 첫발을 내디뎌 보자.

CHAPTER

03

—

반드시 결혼하기를
권한다

# 소중한 것부터
# 채워라

**중요한 것들을 먼저 하지 않으면 정작 소중한 것들이 뒷전으로 밀리거나 아예 손도 대지 못할 수 있다. 그러므로 가장 소중하다고 생각하는 것을 항아리에 먼저 넣어야 한다.**
**나는 항아리의 가장 밑바닥에 넣어야 할 큰 돌이 결혼이라고 생각한다.**

결혼 40주년이 되던 2008년에 아내와 나는 40년간 인생의 고락을 함께 나누게 해준 하나님께 마음 깊은 곳에서부터 감사의 기도를 드렸다.

이제 갓 결혼한 새신랑의 달뜬 마음 그대로라고 한다면 다들 내말에 코웃음을 칠지도 모른다. 그러나 단언하건대, 나는 오히려 40여 년이 흐른 지금 아내가 더 사랑스럽고 그녀와 함께 살고 있음에 감사한다.

아내와 결혼할 당시는 결혼에 대한 이상적인 생각과 앞으로 펼쳐질 미래에 대한 비전이 내가 가진 재산의 전부였다. 여러 가지로 모가 많이 난 내가 누군가와 합력하여 한 몸을 이룬다는 것이 무엇인지 미처 알지 못한 때였다. 다만 내가 확신한 것은, 하나님이 우리 두 사람을 통해 선한 일을 하길 원하신다는 믿음이었다. 이 믿음을 붙잡고 우리는 용감하게 결혼했다.


## 내가 결혼을 '강추' 하는 이유

'우리가 알아야 할 모든 것은 유치원에서 배웠다.' 한때 사람들에게 적지 않은 공감을 얻던 말이다. 삶에서 기본적으로 알아야 할 것들 중 많은 부분을 어린 시절에 배운다. 하지만 나는 하나님 나라의 시각에서 보았을 때, 인생을 좀 더 잘 경영하기 위해서 알아야 할 것들은 신비롭게도 결혼과 가정을 통해서 터득한다고 말하고 싶다.

하나님은 우리를 홀로 두지 않으시고 다양한 공동체를 허락해 주셨다. 많은 공동체 중에서 나 자신을 가장 솔직하게 드러내며 나의 강점과 약점, 상처와 비전을 확인할 수 있는 곳이 바로 가정이다.

내가 만약 결혼하지 않았다면 지금까지 몰랐을 수많은 인생의 섭리들을 하나님은 결혼을 통해 알게 하셨다.

나는 젊은이들에게 결혼을 '강추' 한다. 하나님을 알되, 하나님을 인격적으로 만나지 못한 젊은이들에게 젊음은 위험한 무기가 될 수 있다. 내가 그랬기 때문이다. 하나님을 안다고 해서 그 젊음을 하나님께 드리지는 않는다. 그러기에는 젊은이의 가슴이 너무 뜨겁다. 하지만 인생에서 젊음을 다스리는 일이 얼마나 중요한지 모른다. 그래서 나는 젊은이들에게 젊음을 하나님께 드리라고 강권한다.

젊음을 드리는 것은 생각보다 간단하다. 우리의 육체를 복종시키길 원하시는 하나님께 나의 육체가 방해되지 않도록 육체를 다스리는 지혜를 배우는 것이다. 나는 그 지혜를 데이트와 결혼을 통해 알았다. 결혼은 바로 육체를 다스려 하나님께 자신의 삶을 복종시키는 귀한 통로가 되었다. 제아무리 믿음이 좋고 인격이 훌륭해도 결혼과 가정생활이라는 엄연한 현실 앞에서 고상한 인격을 유지하며 배우자에게 인정받고 살기란 쉽지 않음을 날마다 확인한 후에 얻은 결론이다.

## 항아리에 무엇부터 채울까

스티븐 코비의 『소중한 것을 먼저 하라』를 보면, 큰 항아리 예화가 나온다. 큰 돌과 자갈, 모래를 주고 큰 항아리에 채우라는 미션이 주어졌다. 그 재료들을 항아리에 잘 쌓으면 하나도 남김없이 넣을 수 있지만, 잘못 판단하면 재료들을 다 넣지 못할 수도 있다. 당신이라면 무엇부터 넣겠는가.

큰 돌, 자갈, 모래 순으로 넣어야 항아리를 빈틈없이 채울 수 있다. 하지만 모래부터 넣기 시작하면 정작 중요한 큰 돌은 들어갈 자리가 없다.

우리 피조물에게 하나님은 인생이라는 큰 항아리를 하나씩 주셨다. 다른 사람에게 맡길 수 없는 양도불가의 항아리다. 오로지 그 항아리를 받은 당사자만이 거기에 물을 채울 수 있다. 자칫 항아리가 깨질 수도 있고, 물을 쏟거나 항아리가 넘어지더라도 모든 수습은 자기가 해야 한다. 그것이 하나님이 우리에게 항아리를 맡기신 섭리다.

항아리에 큰 돌, 자갈, 모래 순으로 넣는 것은 우리 삶의 우선순위를 일러준다. 중요한 것들을 먼저 하지 않으면 정작 소중한 것들이 뒷전으로 밀리거나 아예 손도 대지 못할 수 있는 것이다. 그러므로 가장 소중하다고 생각하는 것을 항아리에 먼저 넣어야 한다. 항아리를 든든히 지켜 주어 무게중심을 잡고 나면 그 빈 틈 사이로 작고 소중한 우선순위들이 차곡차곡 쌓이게 된다. 그러면 어느 사이에 우리 인생이 단단해져 외부의 공격에 흔들릴 때도 꽤 여유를 부릴 수 있다.

나는 항아리의 가장 밑바닥에 넣어야 할 큰 돌을 결혼이라고 생각한다. 결혼해서 행복한 가정을 이루는 평범한 꿈이 아니라 결혼을 통해 뭔가 더 다이내믹하고 영향력 있는 일들을 하기 위해서다.

하나님께서 내게 주신 비전들은 결혼이라는 관문을 통과해야 했다. 결혼에 대한 나의 생각과 일치하는 사람을 만나 인생이라는 항아리를 쓸모 있는 항아리로 만들고 싶었다. 당시 대학생들에게 이러한 생각은 전혀 매력적이지 않았다. 친구들은 나의 생각에 동의하지 않았고 젊음을 더 즐기기 원했다. 심지어 결혼을 성공을 위한 관문쯤으로 생각했다. 하지만 감사하게도 나는 그런 생각에 전혀 동의하지 않았고 흔들리지 않았다. 하나님의 은혜다. 세상적인 기준에서 보면 의대생, 혹은 의사라는 것이 얼마나 매력적으로 비칠지 모르지만, 나는 그것보다 하나님 마음에 흡족한 삶을 원했다. 하나님의 마음을 흡족하게 하는 것이 곧 내 삶을 윤택하게 하는 것이라 믿었다.

데이트 때 아내가 내게 보여 준 신실한 신앙은 결혼을 결심하는

데 큰 힘이 되었다. 세상의 기준으로 보면 우리가 결혼을 꽤 서두르는 것 같고 부족해 보였을지 모르지만, 우리 두 사람은 가장 적합한 시기에 가장 적합한 방법으로 결혼한 것이다. 아내와 내가 만들어가야 하는 인생 항아리에 가장 큰 돌을 함께 놓는 그 순간은 우리 인생에서 더없이 진지한 순간이었다.


## 왜 연애를 열심히 할까?

젊은이들은 왜 그토록 연애를 열심히 할까? 실연으로 괴로워하면서도 왜 또다시 연애를 시작할까? 하나님 보시기에 합당한 결혼을 하기 위해 다양한 사람을 만나되 그 사람과 하나님 보시기에 합당한 연애를 해야 한다. 좋은 사람을 만나 결혼하기 위해 더 많은 사람들을 만나는 것이 아니라, 하나님의 뜻을 분별하며 자신에게 허락된 사람을 찾아가는 과정이어야 한다. 그래서 연애의 목표는 결혼이어야 한다. 그렇지 않으면 실수와 죄에 빠지기 쉬운 것이 연애다.

배우자를 찾기 이전에 나 자신도 준비되어 있어야 한다. 나는 이것을 3M이라고 부른다. 첫째, Master. 예수님의 주 되심을 온전히 믿어야 한다. 둘째, Mission. 하나님 안에서 비전과 사명이 있는지 확인해야 한다. 셋째, Mate. 준비된 배우자를 찾기 전에 내가 먼저 준비되어야 한다.

나 외에 하나님이 허락하신 경영의 대상은 가정이다. 가정 경영의 가장 첫 단계는 배우자를 선택하는 일이다. 아내가 있어야 가정이 이루어지고, 자녀를 낳아 가정 공동체를 만들어 나갈 수 있다. 이것이 하나님의 섭리다.

나는 배우자를 선택하기 위해 데이트할 때 세 가지를 확인하라고 제안한다. 첫째는 영이 교감해야 한다(Spritual Oneness). 나는 누구와 데이트할 때든 제일 먼저 신앙 간증을 했다. 나와 아내는 하나님 이야기, 신앙 이야기를 나누었는데 서로의 영이 잘 통함을 느꼈다. 데이트를 할 때 이 부분을 점검해야 한다.

영이 통했으면, 둘째, 혼이 통해야 한다(Psychological Oneness). 혼은 지, 정, 의로 이루어졌다. '지'는 상대방에 대해 아는 것이다. 부모, 가정, 친구, 상처 등 상대방의 장단점을 깊이 이해하는 것이다. '정'은 사랑하는 감정이다. 영의 단계에서 서로 좋아하는 마음이 생겼다면(I Like You), '정'의 단계에서 사랑하는 마음이 생기게 된다(I Love You). '의'는 결혼하기로 결단하는 것이다(I need You). 상대방과 영이 통하고 지와 정이 생겼다면 이젠 결혼하기로 결단하는 것이다.

셋째, 육이 통해야 한다(Physical Oneness). 사랑하는 사람끼리 스킨

십을 나누고 싶어 하는 게 인지상정인데 그 경계를 정하는 것이 중요하다. 나는 가벼운 뽀뽀(light kiss)까지 나누고 결혼 후에 진정으로 하나되는 게 좋다고 믿는다.

이 세 가지 'Oneness'가 모여 한 몸을 이루는 'Total Oneness'가 된다.

"그의 아내와 합하여 둘이 한 몸을 이룰지로다"(창 2:24).

진정한 한 몸은 이렇게 영, 혼, 육이 하나로 결합하는 것이다.

### 시편으로 시작하는 아침

아내가 가장 매력적으로 보일 때는 아침이다. 환갑을 훌쩍 넘긴 이 나이에 무슨 소리인가 할 테지만 하나님께 고백하건대 아내는 아침마다 내게 매력 덩어리다. 다른 그 어떤 이유보다 내가 아내에게 매력을 느끼는 특별한 이유가 있다.

아내는 아침마다 시편 23편 말씀을 암송하고, 나는 시편 103편 1~5절 말씀을 아침마다 읽고 암송하며 말씀 묵상과 기도로 하루를 시작한다.

"내 영혼아 여호와를 송축하라 내 속에 있는 것들아 다 그
의 거룩한 이름을 송축하라 내 영혼아 여호와를 송축하며
그의 모든 은택을 잊지 말지어다 그가 네 모든 죄악을 사하
시며 네 모든 병을 고치시며 네 생명을 파멸에서 속량하시
고 인자와 긍휼로 관을 씌우시며 좋은 것으로 네 소원을 만
족하게 하사 네 청춘을 독수리같이 새롭게 하시는도다."

　우리 부부도 결혼 초부터 시편의 아침을 맞지는 못했다. 수많은
훈련과 반복의 시간들 속에서 시편의 아침을 만들어 냈다. 잠 못 드
는 밤이 많았고 아내와 불편한 아침을 맞은 날도 수없이 많았다. 나
의 마음은 원이로되 내 몸은 다른 데로 가는 경우가 얼마나 많은가.
내가 아닌 다른 사람과 하나가 된다는 것은 정말 목숨을 다하여 이
루겠다는 각오라야지 가능하다.
　결혼해서 남편과 아내가 한 몸으로 서로 맞추어 가는 과정에는
반드시 신뢰의 관계가 필요하다. 신뢰의 관계로까지 성장하는 데
이 시편의 아침이 큰 역할을 했다. 아침마다 말씀 앞에 우리를 드리
고, 배우자에게 나의 기도 제목을 말하고 서로의 영혼과 하나님의
개입하심을 위해 머리를 함께 조아릴 때 부부는 점점 한 몸으로 지
어져 간다.

아내와 나는 신혼 초부터 우리 인생에 대해 많은 이야기를 나누었다. 자녀양육과 노후 생활에 이르기까지 될 수 있는 한 많은 이야기를 나누었고 공유하려고 노력했다. 하나의 목표를 바라보며 걸어갈 수 있도록 서로에게 어떤 도움을 주어야 하는지, 무슨 일을 해야 하는지 조율해 나갔다.

아내는 수많은 아침 훈련을 통해 나를 믿고 의견을 들어주고 의견을 하나로 조정하는 단계들을 끊임없이 되풀이했다. 아침마다 나란히 앉아 아내의 고백을 듣고, 내가 다시 말씀으로 고백하는 그 시간들은 우리 가정의 하루를 하나님께 내어맡기는 시간으로 변했다. 지금 아내는 가장 강력한 나의 동역자다.


## 부부도 영적 훈련이 필요하다

결혼은 계획에서 시작해 계획으로 이어져야 한다. 1년 후, 5년 후, 10년 후 계획을 세워야 한다. 그러나 대개는 신혼 때 세운 계획들이 시간이 지날수록 퇴색되고 어느새 현실에 안주하게 된다. 아내와 갈등하고 자녀와 마찰하면서 두 사람이 처음에 계획한 결혼을 통한 목표는 까맣게 잊어버리는 것이다. 그렇기 때문에 결혼은 구체적인 영적 현장이어야 한다.

비전을 공유하지 않는 부부에게 삶은 언제나 치열한 전쟁터임을 주변에서 흔히 본다. 일보다 자신을 더 사랑해 달라고, 자녀들에게 시간을 더 쏟으라고, 경제적으로 더 풍요로워져야 한다고 끊임없이 서로를 향해 요구한다.

"내가 당신 때문에 못 살아. 내가 그때 왜 그 사람이랑 결혼하지 않았는지……."

이런 대화를 주고받는 부부들은 사실 현실이 버겁기 때문에 상대에게 원망을 쏟아놓는 것이다. 그만큼 현실은 녹록치 않고, 우리가 꿈꾸는 이상은 현실과 너무 괴리되어 있다.

현실 너머로 하나님이 준비하신 비전을 바라볼 수 있는 것, 그것은 부부가 영적 훈련을 받을 때라야 가능한 일이다. 생각만으로, 계획만으로 저절로 이뤄지는 비전은 없다. 두 사람이 하나님 앞에서 날마다 다듬어지고 서로를 돌아보며 미래를 공유해야만 현실에서도 나란히 걸어갈 수 있다. 아내를 내 편으로, 남편을 내 편으로 만드는 것 말고 두 사람이 하나님 편이 되어 인생의 항아리를 날마다 들여다보아야 한다.

"알았어, 나만 믿어. 내가 알아서 할 테니까 당신은 나만 잘 따라와."

하나님은 남편에게 비전을 먼저 주실 수도 있고, 아내에게 먼저 주실 수도 있다. 하지만 그 비전은 반드시 공유되어 두 사람의 터치를 통해 실현되어야 한다. 한 몸으로 지어져 가는 그 섭리에는 비전을 날마다 공유하는 일이 포함되어 있음을 기억해야 한다. 부부가 비전을 공유하기 시작하면 하루하루 삶을 통해 하나님은 세밀하게 두 사람의 인격까지 만지시고 변화, 성숙시켜 가신다.

두 사람이 함께 말씀으로 나팔을 불며 하나님을 찬송하는 모습을 상상해 보라. 시편으로 아침을 시작하고 그 하루하루가 쌓여 한해, 두 해를 살아간다면 건강은 물론 심령의 근심이 없어지고 뼈가 마르지 않고 마음에 즐거움이 더해진다. 비전이 있는 부부는 가정경영의 청지기로서 하나님 앞에 든든히 설 수 있다.

# 인생의 프로,
# 가정을 튼튼히 하라

내 인생의 항아리에 결혼이라는 큰 돌을 놓았다면
그 돌을 매일 들여다보고 살펴야 한다.
가정을 등한히 하는 사람이 가정 밖에서 성공하는 것을 하나님은 허락지 않으신다.

가정사역자로 활동하면서 다양한 남편과 아내를 만났다. 대개 갈등하는 부부들한테 듣는 말이 있다.

"우리 남편 때문에 못살겠어요. 뭐든지 제가 다 잘못했대요. 자기도 제대로 못하면서……."

"우리 집사람은 뭐 하나 제대로 하는 게 없어요. 그러니 내가 돈벌어다 줄 맛이 나겠냐고요."

이들의 이야기를 듣다 보면 생각나는 말이 있다.

"의무는 매일의 삶 속에서 스스로 해야 할 일을 하는 것입니다."

괴테가 의무가 무엇이냐고 묻는 어떤 사람에게 한 말이다. 나는 이 말이 모자라지도 넘치지도 않는 정답이라고 생각한다. 남편과 아내가 갈등하는 이유는 매일 자신이 해야 할 일을 상대방이 느낄 만큼 하지 않기 때문이다. 설령 상대방이 몰라준다 해도 자신이 해야 할 일을 중단 없이 하면 된다. 남편은 남편으로서, 아내는 아내로서 의무를 다하면 그 가정에는 반드시 변화가 오게 마련이다. 왜냐하면 의무를 다하는 두 사람에게는 전에 없던 신뢰가 생기기 때문이다.

나는 여기서 중요한 사실을 하나 발견했다. 의무를 다하기 위해서는 자신이 매일 무슨 일을 하고 있는지, 또 무슨 일을 해야 하는지 관찰해야 한다는 것이다. 사회생활은 자기 할 일을 최선을 다해 수행하면 능력도 인정받고 때로 승진도 할 수 있지만, 아무런 보상이 주어지지 않는 가정에서 자기 일을 알아서 한다는 것은 참 쉽지 않다. 특히 남자는 남편으로서, 아버지로서 자기 역할을 알아서 잘하지 못한다. 그래서 남편이든 아내든 가정에서 자기가 어떻게 하는지 찬찬히 돌아보고 무엇이 간과되고 있는지, 무엇을 더 해야 하는지 관심을 갖고 관찰할 필요가 있다.

사도행전 1장 8절의 가정 경영 원리

　모름지기 우리 선조들은 자기 몸을 다스릴 줄 아는 이가 집안을 다스리고 나라와 천하를 다스린다고 했다. '수신제가 치국평천하'(修身齊家治國平天下)다. 우리는 이 말을 사도행전 1장 8절에 적용해 볼 수 있다.

　가정 경영의 모토는 앞서 말했듯이 수신제가다. 예수님은 우리에게 예루살렘과 온 유대와 사마리아와 땅끝까지 가서 복음을 전하라고 말씀하셨다. 이를 가정 경영에 적용해 보면 예루살렘은 자신, 온 유대는 가정, 사마리아는 이웃, 땅끝까지는 열방이다.

　주님의 말씀을 따라 살려면 먼저 자신을 다스려야 하고, 그 다음엔 가정을 다스려야 한다. 이것이 곧 실력이다. 실력이 없으면 자신뿐만 아니라 가정도 다스릴 수 없다. 자신을 다스리는 자만이 가정을 다스릴 수 있다.

　자기 본연의 모습이 가장 잘 드러나는 곳이 가정이다. 그러므로 가정은 자기 관리의 결정체라 할 수 있다. 가정은 하나님의 매뉴얼이고, 하나님이 만드신 최초의 공동체다. 하나님의 뜻에 따라 경영해야 한다. 경영을 하려면 실력이 있어야 하는데 그 실력은 바로 남자와 여자에 대해 정확하고 구체적으로 아는 데서부터 시작한다. 대상을 알아야 그 대상과 함께 공동체를 이끌어 갈 수 있기 때문이다.

가정 경영을 하려면 먼저 남자와 여자의 차이부터 알아야 한다. 하나님은 남자와 여자를 생리적으로 다르게 만드셨다. 남녀는 욕구가 다르고 성격이 다르고 성질이 다르다. 나와 다르기 때문에 에너지가 넘치기도 하지만 나와 다르기 때문에 때로 마찰을 일으키기도 한다.

많은 부부들이 결혼 후 힘든 시기를 견디지 못하고 이혼을 결정하곤 한다. 이혼 사유를 들어 보면 대체로 '다르기 때문'이라고 말한다. 성격이 다르고 살아온 환경이 다르고 가치관이 다르고 비전이 다르고 습관이 다르다고 말한다. 그런데 이 말은 차이를 조화로 승화시키지 못한 자기의 한계를 드러내는 말이다. 피아노를 잘 치는 사람은 서로 다른 음을 내는 피아노 줄을 조화롭게 연출해 낸다. 하지만 피아노를 못 치는 사람은 서로 다른 피아노 줄을 어떻게 만져야 좋은 소리를 내는지 모른다. 그 사람의 실력이 거기까지인 것이다.

결혼한 부부가 가장 열심히 공부해야 할 과목은 재테크나 자기 계발보다 '남녀 생활 탐구'다. 원리와 현실은 언제나 달라서 마찰을 일으키기도 한다. 혼돈이 올 수도 있고 때로는 심한 상처를 주기도 한다. 하지만 이 모든 것은 과정 중에 생기는 일이다. 하나님이 남자와 여자를 다르게 만든 데는 이유가 있다. 이를 신뢰함으로 하나님의 도우심을 구해야 한다.

무엇보다 배우자에게 자신을 알리기에 힘쓰고, 서로 신선한 도전을 주려고 노력해야 한다. "육신의 정욕과 안목의 정욕과 이생의 자랑"(요일 2:16)을 좇지 않도록 서로 기도해야 한다.

가정 경영에서 빠뜨릴 수 없는 것이 건강이다. 건강을 위해 영양이 고른 식탁을 차리고 비타민으로 부족한 영양분을 보충하고 꾸준히 운동해서 체력을 기르는 일은 필수다. 그런데 이보다 더 강력한 건강 비결을 소개한다. 잠언 17장 22절에 나오는 비결이다.

"마음의 즐거움은 양약이라도 심령의 근심은 뼈를 마르게 하느니라."

건강 관리의 금과옥조(金科玉條)다. 마음의 즐거움만 한 양약이 없다. 마음의 즐거움을 위해 하나님은 우리에게 데살로니가전서 5장 16-18절에서 세 가지 실천 방법을 알려 주셨다.

"항상 기뻐하라 쉬지 말고 기도하라 범사에 감사하라 이것이 그리스도 예수 안에서 너희를 향하신 하나님의 뜻이니라."

하나님은 각 사람을 향한 뜻과 계획을 가지고 우리를 만드셨다. 그 계획을 이루기 위한 전제 조건은 바로 항상 기뻐하고 범사에 감사하고 쉬지 말고 기도하는 것이다. 쉬지 말고 기도한다는 것은 숨 쉬는 순간마다 주님을 기억하고 주님과 대화하는 것이다. 늘 주님을 의식해야 한다. 늘 주님께 물어 보고, 늘 주님을 떠올리는 것이다. 사건의 현상만 보지 않고 그 사건을 인도하신 주님을 보는 것이다.

이 세 가지를 지킬 때 우리는 마음의 불안을 떠나보내고 평안을 누리며, 불평하는 대신 긍정적인 감사를 배우고, 얼굴에 근심이 떠나고 기쁨의 미소를 짓게 된다. 부부가 이를 지키면 자녀는 자연히 건강의 비결을 따라 하게 된다.


## 가정에 적극 투자하라

자신의 일을 다른 누구보다 탁월하게 해내는 사람을 우리는 프로라고 부른다. 하나님은 우리가 인생의 프로가 되기를 원하신다. 그리고 프로가 되기 위해 필요한 모든 것을 공급하신다. 하나님의 목적에 맞게 사용하기로 작정했다면 하나님은 아낌없이 주실 것이다.

인생의 항아리에 결혼이라는 큰 돌을 놓았다면 그 돌을 매일 들여다보고 살펴야 한다. 깨진 데는 없는지, 한쪽으로 기울어진 것은 아닌지, 물때가 끼지는 않았는지 틈날 때마다 살펴봐야 한다. 결혼 후 배우자와 비전을 공유했다고 해서 가정 생활이 인공지능 로봇처럼 척척 알아서 진행되는 것은 아니다.

아내의 친정은 7대째 기독교 집안이다. 아내는 남편이 하는 일에 절대 불평하지 않는다. 하지만 그렇다고 그것만으로 문제가 없는 것은 아니다. 프로 아내, 프로 엄마가 되기 위해 겪는 시행착오는 자신이 감당해야 했다. 나는 믿음의 부모님에게서 자랐지만 남편으로서, 아버지로서 어떻게 하는 것이 성경적인지 배운 적이 없다. 나 역시 직접 몸으로 부딪쳐 터득해 가야 했다.

삶의 터전을 미국으로 옮긴 후부터 우리 가족은 훈련을 받기 시작했다. 하나님의 인도하심이라 믿고 왔지만, 막상 현실은 선택의 연속이었고, 매사 벽에 부딪혔다. 어디서 살까, 아이들 학교는 어디로 보낼까, 근무 조건은 어떻게 해야 할까, 다음 병원은 어디로 옮길까, 끊임없이 고민거리들이 밀려왔다. 대학에서 공부할 때처럼 가정 생활도, 미국 생활도 공부가 필요했다. 그리고 그 공부는 늘 시간과 에너지를 쏟아야 했고, 결과를 점검해서 좋은 성적을 거두도록 다시 노력을 기울여야 했다.

우리 부부는 매일 드리는 기도와 묵상을 통해 생활 공부를 시작했다. 기도와 묵상이 있었기에 무슨 일이든 그 결과를 하나님께 맡기고 서로의 의견을 하나님의 시각으로 맞춰 나갈 수 있었다.

언제나 일은 많았고 교회와 외부 활동도 거를 수 없었다. 그러니 일에 치여서, 이런저런 교회 활동과 외부 활동이 많아서 할 수 없다고 핑계대고 싶지 않았다. 다행히 성령께서 붙드셔서 아내와 가정을 등한히 하지 않을 수 있었다.

금전출납부를 쓰고 가정의 대소사를 챙기는 것도 중요하지만, 가정 경영의 기본은 가족에게 무게중심을 두는 것이다. 자꾸 들여다보고 이야기를 나누고 아내의 말을 들어야 가정의 문제를 발견하고 기도하게 되고 자녀들을 바르게 양육할 수 있다. 하나님은 남편 혼자, 아내 혼자 가정을 경영하라고 하지 않으셨다. 여기에 하나님의 신비한 섭리가 있는 것이다.

내가 남자로서, 아버지로서 모두 감당하기 어려운 것들을 아내는 세심하게 살펴서 마음의 짐을 나눠 져 주었다. 우리는 그 과정을 통해 남편과 아내로서 해야 할 일과 영적으로 감당해야 할 몫을 알 수 있었다.

우리는 자녀들과 함께 찬송을 부르고 말씀을 읽고 짧게라도 기도했다. 가정예배가 우리 가정을 지키는 가장 확실한 방법이었다. 아내에게 돈을 많이 가져다주고 좋은 옷과 가방을 사 줄 때보다 영적 가장이 되어 믿음의 아버지요 남편이 되는 것이 훨씬 기뻤고 열매도 좋았다. 그 기본을 지켜 나가자 하나님은 프로 가정 경영자가 갖춰야 할 것들을 하나씩 채워 주셨다.


## 아는 만큼 실천해야 진정한 프로

가정 경영을 할 때 절대 간과해서는 안 될 부분이 배우자다. 배우자가 자신과 많이 다르다는 것을 아는 데까지도 어마어마한 시간이 걸린다. 그리고 그 차이를 인정하고 내가 변하기로 작정하여 배우자가 그 변화를 감지하기까지는 더 많은 시간이 걸린다. 하지만 실천하기 시작하면 하나님이 은혜를 더하신다.

우리 부부 역시 취향이며 성격이 너무나 다르다. 아내는 무슨 일을 결정할 때 안 되는 이유부터 찾는다면, 나는 매사에 가능성부터 본다. 아내는 영화를 즐기지 않지만 나는 영화 보는 것을 너무나 좋아한다. 아내는 집에서 쉬는 걸 좋아하지만, 나는 이리저리 쏘다니는 걸 좋아한다. 나는 정리정돈이라고는 모르는 나열식 사람인데 아내는 체계와 질서를 중요시하며 주변을 말끔하게 정리하는 서랍식 사람이다. 내가 여기저기 중요한 연락처들을 떨어뜨리고 다니면 아내는 주워다 일일이 손으로 써서 그룹별로 분리해 놓는다.

아내는 사람들 앞에 나서기보다 일대일로 대화하는 것을 좋아한다. 자신의 실력을 드러내기보다 뒤에서 지혜롭게 돕는 것을 더 좋아한다. 반면에 나는 많은 사람들에게 영향력을 끼치는 것을 좋아한다. 일대일로 만나는 것도 기쁘지만 많은 사람들을 효과적으로 만나기를 더 좋아한다. 성경 공부 모임에 나가서도 나는 활발하게 의견을 발표한다. 궁금한 것은 묻고 내가 도울 수 있는 일들은 부족하나마 열심히 힘을 보태려 한다. 뒤에서 돕는 것도 좋아하지만 내가 발견한 지혜들을 직접 전하는 것에 더 기쁨을 느낀다.

우리 두 사람의 이러한 성격 차이는 사역에 놀라운 조화를 주어서 빈틈을 보완하고 좀 더 효율적으로 하나님의 사역을 할 수 있도록 한다.

이 모든 기쁨은 '실천'을 통해서만 얻어진다. 행복한 가정, 단란한 부부관계를 통해 기쁨을 얻기 원한다면 반드시 실천이 뒤따라야 한다. 다소 내성적인 아내와 함께 더 많은 일들을 하고 싶어서 나는 적극적으로 아내를 초대했다. 많은 사람들과 만나는 자리에 반드시 아내와 동행했고, 아내가 사람들을 도울 수 있도록 자리를 마련했다.

남편이든 아내든 자신의 분야에서 조금 더 발전하려면 반드시 배우자의 내조가 필요하다. 하나님 역시 배우자의 협조 없이 하나님

일을 하는 것을 기뻐하지 않으신다. 둘이 한 몸으로 지어져 가는 것에는 비전에 대한 공유와 실천이 포함되어 있다.

인생을 경영하는 데 꼭 필요한 가정을 허락하신 하나님은 가정 경영에서 배우자의 적극적인 협조와 동역자 의식을 부어 주신다. 가정을 등한히 하는 사람이 가정 밖에서 성공하는 것을 하나님은 허락지 않으신다. 비록 인간적인 시각에서는 성공한 듯 보여도 하나님의 때에 하나님의 방법으로 정확하게 평가하심을 주변에서 많이 보게 된다.


배우자 이해하기 프로젝트

가정 경영을 할 때 배우자와 함께 동역하기 위해서는 배우자를 알아야 하고 그것에 맞추는 일이 관건이다. 디모데전서 4장 6절도 "네가 이것으로 형제를 깨우치면 그리스도 예수의 좋은 일꾼이 되어"라고 기록하고 있다. 선한 일꾼으로서 서로 성장하도록 실천해 볼 수 있는 방법들을 몇 가지 소개한다.

첫째, 각자의 장점을 종이에 써 본다. 남편은 아내의 장점을, 아내는 남편의 장점을 각자 종이에 차분히 쓴 후 서로 나눈다. 약점을 보완하는 것도 좋지만 우선 배우자의 장점을 부각시켜 자존감을 회복한 후 동역하는 것이 지혜롭다. 자기의 약점이나 잘못한 것들은 손글씨나 이메일로 편지를 보내는 것이 좋다. 직접 말로 하기 쑥스러울 수 있으니 기록으로 남겨 둘 만한 방법을 통해 배우자가 두 번 세 번 생각하며 이해하고 수용할 수 있도록 하는 것이다.

둘째, 부부 세미나에 함께 참석할 것을 권한다. 우리 부부도 함께 세미나에 참석해서 지식을 습득하고 성장해 가는 기쁨을 누렸다. 그런데 한쪽만 성장해서는 곤란하므로 두 사람이 함께 성장할 수 있도록 노력해야 한다.

셋째, 일상에서 지켜 나가야 할 것들을 만들어 나간다. 가정 경영에 보탬이 될 만한 신앙서적과 경건서들을 같이 읽고, 부부가 같이 적용하려고 방법을 찾는 것이다. 말씀 묵상을 바탕으로 하되, 적용할 만한 구체적인 내용과 사례가 담긴 서적들을 통해 도움을 받으면 좋다.

가정에서 부부가 이렇게 변화를 꾀하다 보면 자녀들은 자연스럽게 부모로부터 건강한 영향을 받는다. 알기 위해 공부하고, 공부하면서 실천하고, 실천을 통해 자신들만의 원리를 찾아내는 것, 이것이 가정 경영의 기쁨이다. 소리치며 싸울 일도 어떻게 해결해 나가야 할지 몇 번의 시행착오를 통해 두 사람만의 방법을 찾게 된다.

명문 가문으로 만드는 자녀양육

가정에서 부모에게 맡겨진 과제는 자녀양육이다. 청지기가 되어 자녀를 하나님의 제자로 훈련시켜야 한다. 결국 이 세대의 가정이 다음 세대에서 더욱 쓰임 받을 수 있도록 성장하는 데는 성공적인 자녀양육이 필수 요건이다.

하나님이 원하시는 자녀는 누구인가. 요엘서의 말씀을 보자.

"그 후에 내가 내 영을 만민에게 부어 주리니 너희 자녀들
이 장래 일을 말할 것이며"(욜 2:28).

사도 바울 또한 요엘 선지자의 말씀을 인용했다.

"하나님이 말씀하시기를 말세에 내가 내 영을 모든 육체에
부어 주리니 너희의 자녀들은 예언할 것이요"(행 2:17).

자녀가 제2외국어를 하고 수학 문제들을 단숨에 풀어내는 것도 중요하다. 하지만 이와 함께 반드시 믿음의 세계에서 쓰임 받을 수 있는 능력을 공급해 주어야 한다. 이 일이 부모의 의무다. 자녀에게 하나님의 비전을 심어 주어야 한다. 자녀가 부모의 말에 전혀 귀

기울이지 않는 절망적인 관계를 만들지 말고 부모와 대화하기를 좋아하는 바람직한 관계를 형성해야 한다. 자녀들과 어떻게 대화의 길을 열지 기도하며 방법을 찾고, 자녀들의 의견을 존중하고 들어 주는 것부터 시작해야 한다.

아이들에게 본이 될 만한 롤모델(role model)을 찾아 주고 싶다면 부모 자신이 롤모델이 되기 바란다. 엄마 아빠 역시 동일한 고민과 실패, 상처들을 경험했음을 들려주고 하나님 안에서 어떻게 극복하고 비전을 갖게 되었는지 솔직하게 고백하며 다가가기 바란다. 그리고 자녀들과 함께 어떤 미래를 만들어 가고 싶은지 소개하면서 비전을 공유하기 바란다.

이때 20대, 30대, 40대, 50대 그리고 60대 이후의 다양한 인생을 보여 주어야 한다. 이 미래 이력서가 부모 자녀 간의 대화를 열어 줄 것이다. 가정예배를 드릴 때마다 미래 이력서를 반복해 읽고 같이 나누고 선포해야 한다. 반복하는 것이 중요하다.

매일 가정예배를 드릴 수 없다면 일주일에 한 번, 한 달에 한 번, 특별한 시간들에 반드시 하나님을 기억하는 가족 문화를 만들자. 시작하면 하나님이 지혜를 주셔서 실천할 수 있는 방법과 시간들을 허락해 주신다.

우리 가정도 아이들과 가정예배를 드리기 시작했을 때 하나님이 은혜를 갑절이나 더하셨다. 아이들과의 대화도 가정예배를 통해 기도하면서 영적 권위가 생겨 더욱 잘 되었다. 가정예배를 통해 개입하시는 하나님의 은혜를 맛볼 수 있었다. 말씀 위에 지어져 가는 집은 인간적인 교육관이나 가치관 위에 지어지는 가정과는 비교할 수 없는 영적 견고함이 있다.

이것이 교훈과 훈계다. 교훈은 보여 주는 것이다. 아이들이 영적 권위에 따르지 않거나 성경적인 방법을 따라 하지 않을 때는 반드시 책망해야 한다. 바르게 하기 위함이다. 바르게 한 후 은혜로 교육하고 훈련시켜야 한다.

"또 네가 어려서부터 성경을 알았나니 성경은 능히 너로 하여금 그리스도 예수 안에 있는 믿음으로 말미암아 구원에 이르는 지혜가 있게 하느니라 모든 성경은 하나님의 감동으로 된 것으로 교훈과 책망과 바르게 함과 의로 교육하기에 유익하니 이는 하나님의 사람으로 온전케 하며 모든 선한 일을 행하기에 온전케 하려 함이니라"(딤후 3:15-17, 개역한글).

이러한 반복이 자녀들이 자라 자기 분야에서 탁월함을 드러내고 영향력 있는 사람이 되도록 이끈다. 교훈, 책망, 바르게 함, 의로 교육함이 중요하다. 의로 교육하는 것은 훈련이다. 완전히 교육해서 자기 것으로 만들 수 있도록 부모가 끝까지 노력해야 한다.

계획과 방향성 없이 무작정 열심히 산다고 해서 성공적인 인생이 될 수 없다. 마찬가지로 계획과 방향성 없는 교육은 성공한 자녀 교육이 아니다. 하나님이 인정하시고 알아주는 교육이 진정한 자녀 교육이다. 그 가정이 명문 가문이 된다. 믿음의 명문 가문으로 키워 가는 것, 이것이 하나님이 우리에게 바라시는 진정한 가정 경영이다.

# 우리 집 비전 선언문

The Park Family's Vision Statement

우리 가족은 회의를 거쳐 가정 비전 선언문을 마련한 다음 다함께 모인 자리에서 선언식을 가졌다. 우리 집 비전 선언문을 소개한다.

마태복음 6장 33절에 따라 우리 가정은 하나님 나라와 그 의를 구함으로써 아버지 하나님을 영화롭게 할 것이다. 그렇게 할 때 그분 뜻에 따라 모든 복이 더해지리라 믿는다.

## 비전 전략
(Vision Strategy)

우리는 하나님 나라와 그 의를 구하기 위해 이와 같이 할 것이다.

기도와 말씀 묵상을 통해 하나님과 더 깊은 관계를 추구하며,
대사명에 순종하기 위해 하나님의 백성을 섬긴다.
—마 28:18–20

우리를 부르신 직업 현장에서 탁월함을 발휘하며
계속 공부함으로써 우리의 지성을 닦는다.
—롬 12:1–2

모든 것이 하나님의 주권에 달려 있음을 알기에 역경이든,
환희의 순간이든 언제나 즐거워한다.
—롬 8:28; 살 5:16–18

그리스도의 한 몸을 이루기 위해 믿는 사람들과 교제하며
말과 행위를 통해 믿지 않는 자들 가운데 소금과 빛의 역할을 감당한다.
—마 5:13–16

우리 몸이 하나님의 성전임을 인식하여 육체 건강을 잘 관리한다.
—고전 6:19–20

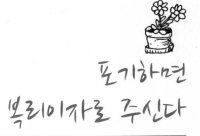

# 포기하면
# 복리이자로 주신다

시간을 하나님께 드렸더니 하나님은 시간을 두 배로 살 수 있는
지혜로운 삶을, 사람들의 인기를 얻고 싶어 이리저리 헤매지 않아도
그들로 하여금 찾아오게 하는 가치 있는 사람이 되게 해 주셨다.
하나님의 이자는 나의 생각과 다르다.

"야, 우리 친구들 중에 네가 제일 잘나갈 줄 알았다!"

"미국에서 성공했다더니 주식 투자는 얼마나 했냐? 돈 많이 벌었
냐?"

한국을 방문할 때마다 친구들이 내게 하는 말이다. 나는 대학 동
기들 사이에서 미국에서 의사로 자리 잡고 성공했다고 알려졌다.
사실이었다. 서울에서 일류대학을 나와 개업의로 성공한 의사는

아니었지만 미국에서 보란 듯이 자리를 잡고 경제적으로도 넉넉하게 살았다. 하지만 최근 몇 년 사이 친구들은 자기들과 다른 길을 걷는 나를 보고 적잖이 놀란다.


## 하나님의 이자는 상상초월

대학 동기들은 국내에서 의사로서 자리를 잡고 비교적 안정된 삶을 살고 있다. 반면에 나는 일찌감치 미국으로 건너가 정착했고, 친구들과는 자주 연락하지 못하고 지냈다. 마취과 의사로 한창 바쁘게 일할 때 하나님은 내가 생각지도 못한 많은 복을 주셨다. 경제적으로나 사회적으로도 의사로서 누릴 수 있는 최대한의 혜택을 허락해 주셨다.

넓은 집, 수영장, 푸른 잔디밭, 아름다운 언덕 위의 집……. 무엇 하나 부족한 것 없이 살았다. 그런데 이런 생활수준을 유지하기 위해 더 많이 일해야 했고 더 노력해야 했다. 부와 명예는 내 인생의 목표에 걸림돌이 되기 시작했다. 하지만 하나님은 아이들 교육비가 가장 많이 필요한 시점까지 경제적으로 부족하지 않게 돌봐 주셨다. 그리고 어느 날 사역에 좀 더 집중하라고 결단을 요구하셨다.

언제나 인격적이신 하나님은 그 결단도 억지로 강요하지 않으셨다. 어느 순간 아무 병원에서도 불러 주지 않는다든가 하는 일은 없었다. 다만 사역이 넓어지는 만큼 일이 줄어들게 하셨다. 하나님의 계획하심을 느낄 수 있었다.

말씀 중심으로 살면 하나님이 이끌어 주신다. 하나님이 인도하시고 나는 순종하는 합동작전을 펼치는 것, 그것이 하나님과 동역하는 것이다. 인생 경영은 착한 청지기가 되어 동역할 때 하나님의 계획이 나를 통해 이루어지는 것이다.

아내와 나는 기도하고 또 기도했다. 사역에 좀 더 집중하기 위해서 삶의 형태를 대폭 수정하기로 했다. 아이들이 장성하여 집을 떠났으므로 넓은 집이 필요 없었다. 1년에 몇 번 하지도 않는 넓은 수영장도 필요 없었다. 삶을 단순화, 검소화하기로 결정했다.

생각이 정리되니 마음이 가벼웠다. 하나님이 기뻐하시는 곳으로 더 부지런히 달려갈 수 있게 집을 옮겼다. 그 과정에서 하나님은 내게 세 가지 깨달음을 주셨다. 제자로서 지켜야 할 삶의 원칙이었다.

첫째, simple life for me! 하나님은 내 삶을 심플하게 하셨다. 마라톤 선수가 커다란 가방을 메고 달리는 일은 없다. 선수는 겉옷도 걸치지 않고 가능한 한 가장 가벼운 차림으로 달린다. 심지어 물 한

병 손에 들지 않는다. 반면에 나는 큰 가방에 수많은 짐들을 구겨 넣은 채 무겁게 손으로 들고 있었다. 아내와 나는 그날 바로 교회에 광고를 냈다. 집을 가득 채우고 있던 가구나 가전제품들을 거저 가져가라고 했다. 짐들은 순식간에 사라졌다. 우리의 소유가 사람들에게 작은 소용이 된다는 사실에 기뻤고 보람 있었다.

우리 두 사람은 작은 콘도로 이사했다. 집을 자주 비우고 해외로 강의를 다니는 우리에게 안성맞춤인 집이었다. 생각을 정리하고 경주자의 옷으로 갈아입자 하나님은 그동안 준비해 오신 통장을 꺼내 보여 주셨다.

마취과 의사로 일할 때 내 재정을 관리해 주던 회계사로부터 한 가지 제안을 받은 적이 있다. 얼마간의 돈을 다른 데 투자하지 말고 노후에 쓸 연금으로 저축하라는 것이었다. 당시에는 이윤이 높지도 인기 상품도 아니었지만 회계사의 말을 따랐다. 그랬더니 우리가 투자한 것보다 훨씬 많은 돈으로 불어나 있었다. 지금 우리 부부는 그 연금으로 생활하고 있다. 하나님이 우리 대신 계획하셔서 이자에 이자를 붙여 주신 것이다. 하나님의 이자 계산법은 상상을 초월한다.

둘째, Sharing life for others! 내 삶을 가볍게 하고 나니 다른 사람들이 보였다. 그들과 나누고 싶어졌다. 마치 우리 가구들을 아낌

없이 준 것처럼. 하나님이 주신 복을 함께 나누는 것만큼 흥미진진한 교제도 없다. 사람들과 나누기 시작하면 더욱 하나님께 가까이 다가감을 느낀다. 나누고 베푸는 삶의 기쁨은 경험해 본 사람만 안다.

셋째, 하나님을 위해 예배하는 삶, 즉 'serving life for God'이었다. 로마서 12장 1-2절처럼 삶의 모든 현장이 하나님께 드리는 산 제사, 즉 예배가 삶이 되게 하는 것이다.

'3S LIFE'를 시작한 우리는 이전보다 훨씬 큰 은혜를 체험한다. 삶을 단순화하여 이웃과 함께 나누고 하나님을 위해 예배하는 삶, 이것이 바로 제자로서 지켜야 할 삶의 원칙이었다. 이 원칙을 따라 살려고 노력할 때 하나님이 우리 삶에 더 깊이 임재하심을 매 순간 느낀다.

나는 아내와 함께 매일 성경을 묵상하고 큐티를 했다. 큐티를 열심히 하면서 그룹에서 나누다 보니, 조금씩 사람들이 내게 귀를 기울였다.

나는 의사로서의 일을 줄이고 사역자로서 점점 더 많은 사람들을 만나게 되었다. 하나님의 도우심이 아니었다면 사람들은 나를 부르지도, 기억하지도 못했을 것이다. 하나님은 나를 코스타 주강사로 서게 하셨고, 지금까지 가장 장수(?)하는 강사로 세워 주셨다.

성경을 보는 눈도 하나 둘 열리기 시작했고 성경의 흐름이 보였다. 하나님의 일하심이 성경의 시대 속으로 들어가 일맥상통하게 연결되었다.

나는 사람들에게 학문적 이야기를 하지 않는다. 나의 이야기, 내 삶 속에서 역사하신 하나님의 섭리를 이야기한다. 특히 의사가 되기 위해 공부하는 후배 의대생들이 내 얘기에 적극적으로 반응한다. 나는 의대 후배들에게 의사가 되어 부자로 살고 싶은지, 부자가 되어 주위 사람들을 돕는 착한 의사가 되고 싶은지, 의료 분야에서 두각을 나타내 노벨상을 타고 싶은지, 하나님 나라와 하나님 의를 위해 사는 의사가 되고 싶은지 고민한 후 방향을 정하라고 도전한다.

그런 다음 내가 만난 가장 탁월한 의사이신 예수님을 그들에게 소개한다. 그분은 가시는 곳마다 치유를 일으키셨지만, 그 기적은 사람의 건강만이 아니라 삶까지 변화시켜 목적을 찾게 했다고 강조한다.

예수님은 '의사'가 수단이었다. 전도에 가장 효과적인 통로였다. 지금도 의사라는 직업이 전도와 선교에 얼마나 큰 힘이 되는지 모른다. 나는 젊은이들에게 예수님과 같은 의사가 되라고 비전을 제시한다.

하나님은 의대 공부를 할 때나, 마취과 의사로 진로를 정할 때나,

규모를 줄여 전문 사역자로 헌신하려 했을 때나 나의 중심을 보셨다. 그 중심은 인생의 우선순위, 곧 내게 허락하신 인생의 항아리에 깔린 큰 돌이었다.

"야! 그렇게 답답하게 살지 말고 적당히 좀 해라!"

친구들이나 동료 의사들은 가끔 내게 이렇게 말한다. 하지만 나는 흔들리지 않았고, 내 마음 가는 대로 시간을 쓴 적이 없다. 그 시간을 하나님께 드렸더니 하나님은 시간을 두 배로 살 수 있는 우선순위에 따른 지혜로운 삶을, 사람들의 인기를 얻고 싶어 이리저리 헤매지 않아도 그들로 하여금 찾아오게 하는 가치 있는 사람이 되게 해 주셨다. 하나님의 이자는 나의 생각과 다르다.


자녀들에게 꼭 가르쳐야 할 교육, 포기

항아리에 큰 돌을 깔면 돌이 차지하고 있는 큰 자리는 포기해야 한다. 그 자리는 자갈이나 모래가 앉을 자리가 아니다. 큰 돌을 놓아야 할 때 작은 자갈을 놓지 않게 하시는 것도 하나님이고 자갈을 놓아야 할 때 모래를 넣지 않게 하시는 것도 하나님이다.

질서의 하나님은 질서를 따라 사는 하나님의 자녀들에게 때에 맞게 복을 더하신다. 형통케 하시는 것이다. 이 형통은 우리의 계산법과 달라서 하나님의 가치관에 따라 계산되는 이자들이다.

우선순위에 따라 살아가는 부모를 보고 자란 아이들은 하나님 나라의 질서를 그대로 체득한다. 아이들이 진로를 선택할 때 우리는 그들과 함께 합동작전을 펼쳤다.

"마땅히 행할 길을 아이에게 가르치라 그리하면 늙어도 그
것을 떠나지 아니하리라"(잠 22:6).

자녀가 마땅히 가야 할 길을 잘 모를 때 부모는 자녀가 하나님께서 주신 달란트와 사명이 무엇인지 발견하도록 도와주어야 한다. 나는 우리 아이들이 재능을 발견하고 스스로 결정하도록 후원을 아끼지 않았다. 아이들 스스로 하나님이 주신 길을 발견하도록 서로 대화하고 기도했다.

2남 1녀를 둔 우리 부부도 여러 가지 고통을 겪었지만 가장 큰 복이라면, 아이들이 하나님을 우선으로 하는 삶을 우리를 통해 배운 일이다. 다정하지도 못했고 많은 것을 함께해 주지도 못했지만 인생에서 가장 확실하게 알아야 할 하나님 우선순위의 삶을 아이들이 배운 것이다. 이것이 인생 경영의 첫걸음인데 하나님은 우리 부모를 사용하여 아이들에게 그 진리를 깨우쳐 주셨다.

부모가 무슨 기준을 따라 시간을 쓰고 돈을 쓰고 에너지를 쓰는지를 자녀들은 눈으로 보고 자란다. 보고 자라는 그것이 그대로 가치관이 된다. 자녀들이 부모의 삶을 따라 살겠다고 하는 것은 하나님이 우리 부부에게 주신 복 중의 복이다. 하나님께 우선순위를 두는 자에게 복이 있나니, 하나님이 기뻐하시는 자녀들로 키워 주시리라.

—

# 당신의 인생을 주께 맡겨라

# 지금,
# 당신의 인생을 체크하라

하나님이 신입사원을 채용하신다면 어떤 이력서에 관심을 보이실까?
하나님은 하나님의 나라를 위해 준비된 제자들을 원하신다.
비전을 가지고 어디로, 왜 달려가야 할지 아는 제자들을 채용하실 것이다.
그들이 가진 이력서가 바로 '미래 이력서'다.

아침마다 나는 책상 앞에 앉아 말씀을 묵상한다. 그 책상 앞에는 기도문이 하나 붙어 있다.

"나의 하나님이여, 녹슬어 폐기처분 당하지 않고, 쓰시고 또 쓰시며, 사용하시고 또 사용하시옵소서. 완전히 닳아질 때까지 저를 사용해 주시옵소서!"

이 기도문을 보며 마음이 뭉클해졌다. 하나님 앞에 충실한 일꾼으로 살게 해 달라고, 하나님이 부르시는 날까지 나를 사용해 달라고 간절히 기도했다.

나는 올해로 26년째 큐티를 하고 있다. 오랜 세월 나와 함께 해온 각종 볼펜들은 내 몸에 흔적을 남겼다. 감사한 마음 가득 차오르면서, 오랜 세월 나와 함께 해온 내 사역들도 내 인생에 흔적을 남기리라는 생각이 들었다. 내 인생에 귀한 흔적을 남기느라 때로 상처가 나고 고통이 따르겠지만 하나님이 어떤 흔적을 남겨 주실지 기대하는 마음으로 사역지로 달려간다.


거울 들여다보기

갓 스무 살의 대학생 시절 하나님을 만났을 때, 하나님이 내게 가장 먼저 깨닫게 하신 것이 있다. 바로 나를 돌아보는 것이다. 나이와 지위를 막론하고 하나님은 그분의 자녀들에게 자신의 현재 상태를 돌아보게 하신다. 나의 아내도 그러했고, 자녀들도 그러했고, 제자들도 마찬가지였다. 이것이 하나님께서 일하시는 방식이다. 하나님은 어느 날 문득 우리를 바꾸시지 않는다. 하나님은 인격적인 분이라서 나의 인격과 삶을 스스로 돌아보게 하신다. 내가 잊고 있던 이전 일들까지 떠올리게 하셔서 하나님의 눈으로 다시 판단하고 조명하게 하신다. 그 돌아봄으로 인해 하나님은 새로운 모습을 소망하게 하신다.

의학공부나 진료를 하다 보면 특수 현미경으로 들여다보아야 할 때가 있다. 그러면 이전에 보지 못하던 부분까지 고스란히 볼 수 있다. 마찬가지로 성령의 도우심으로 우리는 평범한 일상들 속에 감추어진 하나님의 세밀한 지적까지 다 볼 수 있다. 이것이 우리를 향한 하나님의 인격적인 인생 경영의 시작이다.

나는 하나님의 아들이 갖추어야 할 조건들을 구비해야 했다. 성품으로나 영성으로나 갖추어야 할 것들이 한두 가지가 아니었다. 하나님은 때로는 은밀한 기도 시간을 통해, 때로는 강력한 터치로, 또 누구나 알 수 있는 증거를 통해 나를 변화시키시고, 하나님 아들에 합한 옷을 입히셨다.

현재 내 모습에 대한 자각이 없다면 내일 나의 모습을 그려 볼 수도 없을 것이다. 시간, 꿈, 건강, 재정, 결혼, 가정, 인간관계 등 모든 부분에서 하나님은 내 깊은 곳으로 찾아와 하나님의 것으로 새롭게 하셨다.

거울을 들여다볼 때 외면하고 싶기도 했다. 어떻게든 추한 모습을 드러내지 않고 자신 있고 당당하고 근사한 모습들만 마주 대하고 싶었다. 하지만 내가 나 자신을 마주하지 않으면 그 누구에게도 진정한 나를 드러낼 수 없을 터였다. 추하고 모자라고 부족해 보여도 그것이 나의 현재임을 시인할 때 가능성의 문이 열리고 기회가 생겼다.

성경에는 '거울 들여다보기'의 좋은 사례들이 많다. 모세도 다윗도 요나도 바울도 나에게 좋은 선배들이었다. 하나님의 손에 들린 바 되어 역사에 길이 남을 큰일을 행한 믿음의 사람들이지만 그들 역시 하나님 앞에서 숨김없이 자신의 추함을 드러내고 직면해야 했다. 하나님께 공짜는 없다. 새로운 사람으로 거듭나길 원한다면 자기의 모습을 고스란히 꺼내 보여야 한다.

사탄은 이 시간들을 통해 우리를 공격하기 좋아한다. 하지만 하나님께 나의 나약함을 고백하고 그분의 강하심을 구하면 언제나 우리는 이기는 전쟁을 치를 수 있다.

'너는 원래 이래, 몰랐어? 네가 잘하는 게 뭐가 있겠어?'

'내가 이럴 줄 알았다, 이게 너야. 괜한 허세 부리지 말고 솔직하게 인정하지 그래.'

하나님이 주시는 평안이 아닌 나의 낮은 자존감 속으로 파고들어오는 사탄의 공격은 끝이 없었다. 하나님의 도우심이 아니었다면 단 한 걸음도 앞으로 나아갈 수 없고 거울 들여다보기에도 실패하고 말았을 것이다. 하지만 하나님은 나보다 나를 더 잘 아셔서 내가

어디로 어떻게 나아가야 하며, 왜 내가 귀한 사람인지를 끝없이 일
깨워 주셨다. 이것이 비전으로 사는 인생에서 자기 들여다보기에
승리하는 비결이다.


## 5대양 6대주를 다니는 스케줄 관리

지금 나는 5대양 6대주를 종횡무진 다니고 있다. 친구들은 공기
좋은 곳으로 여행 다니는 계획을 세우곤 한다. 하지만 나는 나를 기
다리는 사람들을 만나기 위해 다양한 이야기들을 가슴에 품고 달려
간다. 그들은 내가 만난 하나님, 내가 만난 인생 경영의 비밀들을
듣고 싶어 한다.

주님의 전격적인 훈련에서 내가 지금까지 가장 잘 받은 훈련은
시간 관리다. 10년 후의 자기 모습이 궁금하다면 오늘 자신의 모
습을 보라는 말이 있다. 오늘 하루를 잘 경영하면 내일 나의 하루
도 잘 경영될 수 있다. 이것이 시간 관리의 노하우다. 하나님은 우
리에게 대단하고 무모한 인생 경영을 시작하라고 명령하시지 않는
다. 오늘 하루 하나님과 동행하며 그분의 뜻이 무엇인지 구하는 것
부터 시작하라고 하신다. 이것이 하루 24시간을 하나님의 손에 맡
겨 드리는 자녀의 태도다.

나는 책상 앞에 기도문을 붙이고 그 기도문을 볼 때마다 아버지를 부른다. 이것이 나의 하루 경영의 시작이다. 나에게 허락된 하루를 체크하는 것은 아버지의 존재를 내 존재와 내 인생 가운데로 초청하는 일이다. 그 초청이 아버지와 나의 관계를 인격적인 관계로 성장시키고 그분이 원하시는 방향으로 나아가게 한다. 아버지를 자주 만나 그분의 체취를 맡고 그분의 말투와 행동을 보는 자녀라야 아버지가 어떤 분인지를 알 수 있다. 내 아버지를 육안으로 볼 수 없다면 그 아버지와 동거하며 아버지의 성품과 존재를 느껴야 하고 들어야 한다. 이 부분을 놓친다면 자녀는 아버지가 원하는 삶을 구현할 수 없다.

　하루의 첫 시간을 아버지와 시작하면 나의 시간은 아버지의 시간이 된다. 아버지 앞에 나의 시간을 비밀스럽게 쓸 수가 없다. 육신의 정욕을 따라 시간을 허투루 쓸 수가 없다. 좀 더 자자, 좀 더 눕자 할 수가 없다. 아버지가 나에게 새 힘을 주시기에 내 시간을 효율적으로 쓸 수 있는 지혜까지 생긴다. 성공적인 하루는 성공적인 일주일, 한 달, 1년으로 이어진다. 혹 중간에 실패한 날들이 많다 해도 선하신 아버지를 믿고 따라가야 한다.

　예수님이 시간을 어떻게 쓰셨는지를 살펴보자. 하나님과의 만남을 가장 우선시하고, 새벽 미명에 기도하시고, 제자들을 훈련시키시고, 가정을 지키시는 모습을 기억해야 한다. 이 모든 일에 시간을 어떻게 사용하는지에 대한 우선순위가 들어 있다. 세계 곳곳을 다니며 복음을 증거한다 해도 시간을 잘 관리하지 못한다면 하나님의 사역은 더디 가거나 멈춰질 수 있음을 기억하자.

하나님은 "세월을 아끼라 때가 악하니라"(엡 5:16)고 말씀하셨다. 우리가 시간을 다스리지 않으면 시간들 사이에는 틈이 생기고, 그 틈 사이로 말할 수 없는 영적 공격을 받을 수밖에 없다. 그것이 우리가 처한 영적 현실이다.

시간을 관리할 때 반드시 지켜야 할 것이 드러내어 공유하는 것이다. 배우자와 함께, 자녀와 함께, 동역자들과 함께 공유해야 한다. 나의 스케줄을 알리고 감출 것이 없을 때라야 하나님께 내어 놓아도 당당한 스케줄이 된다. 사람들 앞에 당당할지라도 하나님께 내어 보이기 부끄럽다면 우리는 과감히 그 시간을 시간의 주인에게 돌려 드려야 한다. 시간의 주인이신 하나님이 우리에게 언제나 시간을 허락하시는 것은 아니기 때문이다.


삶의 나침반, 미래 이력서 쓰기
하나님은 어제도 계시고 오늘도 계시며 내일도 계시는 분이다.

그분은 어제나 오늘이나 영원토록 동일하시다. 그분은 천지만물을 창조하실 때도 계획에 따라 일하셨고, 계획에 따라 하루하루 이 세상에 변화를 창조하셨다. 그분은 오늘 족한 것을 감사하며 내일 일을 걱정하지 말라고 하셨다.

하나님은 우리에게 걱정과 불안을 주기 위해 내일을 허락지 않으셨다. 우리에게 만일 내일이 허락되었다면 하나님의 영광을 드러내고, 땅끝까지 복음을 전하라는 명령을 준행하라는 뜻이다. 이 일을 위해 우리는 준비해야 할 것이 있다. 나는 이 일을 '미래 이력서'라고 부른다.

요즘 사회는 너나없이 경력과 자격 요건들을 자랑하는 이력서를 중요하게 여긴다. 하나님이 원하시는 이력서가 있다면 어떤 것일까? 하나님이 신입사원을 채용하신다면 어떤 이력서에 관심을 보이실까? 하나님은 하나님의 나라를 위해 준비된 제자들을 원하신다. 비전을 가지고 어디로, 왜 달려가야 할지 아는 제자들을 채용하실 것이다. 그들이 가진 이력서가 바로 '미래 이력서'다.

나는 1997년에 미래 이력서를 처음 썼다. 1998년부터 2024년까지 27년간 내가 해 나가야 할 이력들이 즐비하게 기록되어 있다. 꽤 구체적인 내용들도 있지만, 솔직한 바람을 적은 두루뭉술한 내용들도 많다. '영원한 청년 갈렙처럼 하나님을 온전히 따르며 승리의 삶을 살자', '계속 큐티하며 하나님의 형상을 닮아 가자', '자녀들에게 더 좋은 그리스도인으로서의 모습을 보여 주자'와 같은 내용들이다.

한 해에 20가지 정도를 이력서에 쓰고는 하나님께 그 일들을 맡기면서 기도한다. 자동차를 사게 해 달라, 돈을 벌게 해 달라 따위는 없다. 하나님 나라와 관련된 것들이 내용으로 채워지는데, 그해에 하나님이 주신 비전을 써 넣는다. 큰 타이틀은 하나님이 주시지만 세부 타이틀과 리스트는 기도하면서 계속 수정 보완해 나간다.

나는 의사가 되겠다는 평범하고 막연한 꿈은 있었지만, 회심한후 미래 이력서와 인생 경영문을 쓰면서 꿈이 구체적으로 변하였다. 결혼에 대해서도, 자녀에 대해서도 계획이 있었다. 나는 어릴때부터 아들 2명, 딸 1명이 있으면 좋겠다고 생각했는데 하나님께서 그 꿈도 이루어 주셨다. 한국 사역 확대에 대한 바람도 있었는데 하나님이 한국을 자주 방문하게 하셨고, 방문한 후에는 하루도쉼 없이 강의에 초청될 수 있도록 도와주셨다.

미래 이력서는 나의 기도와 같아서, 이력서를 쓰고 나서는 이를이루기 위해 부단히 노력했다. 미래 이력서는 내가 무조건 열심히살지 않고 목적지를 향해 달려갈 수 있도록 방향을 알리는 나침반이다.

미래 이력서는 여러 번 수정된다. 해마다 우리 가족은 새해 첫날 미래 이력서를 선포하고 수정한다. 각자의 미래 이력서를 꺼내 들고 서로 기도를 부탁하고 함께 중보한다. 그동안 하나님께서 이뤄 주신 기도 제목들을 간증하기도 하며 하나님의 도우심을 나눈다. 가족 한 사람의 미래 이력서는 온 가족의 미래 이력서이기도 하다.

2010년 나의 미래 이력서를 보면 하나님이 갑절로 열매를 주신 기도 제목들이 많다. 이는 가족의 중보와 노력이 합력하여 선을 이룬 덕분이라고 생각한다. 나 혼자서는 할 수 없는 일들을 함께 고백하고 나누어 기도의 삼겹줄로 동여맨 덕분이다. 가족이 미래 이력서를 공유함으로써 실패하고 열매가 없어도 다시 도전할 수 있는 힘을 얻었다.

나는 매해 미국, 브라질, 이집트, 이탈리아, 프랑스, 한국 등을 쉴 새 없이 다닌다. 하루하루 적당히 산 날이 없다. 빈둥거린 시간도 없고 할 일 없이 이리저리 돌아다닌 일도 없고 무료하게 잠만 잔 날도 없다. 미래 이력서에 맞게 살기 위해 최선을 다한 결과다.

가족들 간에 미래 이력서를 공유하면 서로 안부를 물을 때 미래 이력서와 함께 돌아보게 된다. 배우자의 미래 이력서는 얼마나 이뤄지고 있는지, 자녀들은 어떠한지 자주 묻고 자연스럽게 대화를 나누게 된다.

미국에서 성인 1,000명을 대상으로 재미있는 설문조사를 했다. 꿈과 목표에 대한 질문이었는데, 응답자 중 27%가 꿈과 목표에 대해 전혀 생각해 본 적이 없다고 했고, 60%는 먹고사는 금전적인 문제에 골몰하며 살았다고 했다. 그리고 10%는 자기 인생에 대한 분명한 꿈과 목표가 있었고, 3%는 분명한 꿈과 목표를 문서로 기록해 둘 뿐 아니라 실행하고 있었다.

이 사람들을 살펴보니 더 재미있는 결과가 나왔다. 27% 그룹은 정부나 다른 사람들의 도움을 받아 살아가는 생활보호대상자였고, 60% 그룹은 하루하루 살아가는 일용직 근로자였으며, 10%는 전문직에 종사하는 엘리트 그룹이었고, 3%는 현재 미국 사회를 이끌어 가는 초엘리트 그룹이었다.

미래 이력서가 얼마나 우리의 현재를 다르게 이끌고, 미래를 바꾸는지 알 수 있는 좋은 예다. 미래 이력서를 쓰고 실행하는 사람들이 자신의 인생뿐 아니라 세상을 경영하게 된다는 것이다. 3% 이외의 97% 사람들은 결국 열심히 살 뿐 인생을 경영하지 않는다고 보아야 한다.

## 청년이여, 인생 사명서를 쓰자

나는 '청년의 때에 인생 사명서를 작성하라'고 도전을 주고 싶다. 청년은 물론이고 노년에도 해야 할 일이다. 나이가 많다고 해서 인생을 방치해서는 안 되기 때문이다.

청년은 다음 세대의 주역이다. 하나님은 언제나 청년들을 통해 많은 일을 하신다. 세상에 큰 영향력을 끼치는 젊은 청년들이 얼마나 많은지 모른다. 청년 그리스도인들도 다르지 않다. 하나님이 나를 주인공으로 해서 스토리를 써 가신다는 사실을 깨닫게 되면 큰 행복을 느낄 것이다.

토마스 선교사는 27세에 순교했고, 언더우드 선교사는 26세에, 아펜젤러 선교사는 27세에 한국의 선교사로 파송받았다. 존 웨슬리는 대학 때 홀리클럽을 만들었고 옥스퍼드 대학에서 지도자 훈련을 받았다. 조나단 에드워즈와 빌리 그레이엄도 20대에 전도자의 꿈을 품었고, 칼뱅은 20대 초에 종교개혁 신앙을 접하고 27세에 『기독교강요』를 썼다.

알렉산더는 23세에 세계를 정복했고, 뉴턴은 23세에 만유인력의 법칙을 발견했다. 그 유명한 마르틴 루터는 34세에 종교개혁을 했고, 성 프란체스코는 27세에 수도회를 창설했다. 미국의 독립운동가 패트릭 헨리는 39세에 '자유가 아니면 죽음을 달라'는 유명한 말을 남겼다.

내 인생에서 하나님이 원하시는 것이 무엇인지 기도하며 자문해야 한다. 그리고 기도를 통해 알려 주신 하나님의 비전들을 기도하는 마음으로 하나 둘 기록하길 바란다.

미래 이력서를 쓸 때 청년들이 반드시 기억해야 할 세 가지 목표가 있다.

첫째, 가정을 위한 목표를 세워야 한다. 주님 마음에 합한 배우자를 만나 성경적인 가정을 이루겠다는 거룩한 목표를 기록하자. 이를 위해 결혼과 가정에 대해 공부하고 남자와 여자에 대해서도 공부해야 한다.

둘째, 은사에 따른 전문 직업과 사역을 하기 위해 목표를 세워야 한다. 하나님이 주신 은사를 최대한 사용해 생산적인 삶을 경영해 나가야 한다. 이를 위해 중간 목적과 실행 목적을 분명히 해 자기를 부단히 훈련해 나가야 한다.

셋째, 사회적 공헌을 위한 목표를 세워야 한다. 자신의 이익을 구하지 않고 타인을 위해 축복의 통로가 되는 삶을 살 수 있도록 실력을 키워야 한다. 이것이 청년을 빛나게 한다. 그리고 하나님 나라 확장을 위해 어떻게 살 것인가를 기도하며 헌신해야 한다. 젊음을 부서지지 않게 해야 한다.

자신을 위한 미래 이력서, 가족의 미래 이력서를 쓰기로 결심한 당신에게 박수를 보낸다. 하나님의 구체적인 개입하심을 날마다 경험하게 될 것이다.

# 박수웅의 25년 미래 이력서

| | 0세 | | | 80세 |
|---|---|---|---|---|
| **2단계**<br>전후반 축구<br>Soccer | 1944-1998년<br>1st Half<br>전반부<br>(준비 기간/훈련 기간)<br>(엡 4:12) | 1998-2024년<br>2nd Half<br>후반부(미래 이력서)<br>(사역 기간)<br>(행 20:24) | | 2024년 이후<br>Post-game<br>Show<br>(승리 축하파티) |
| **3단계**<br>Ice<br>Hockey | 1944-1973년<br>1st Period<br>Korean Tire<br>소명<br>(롬 8:29) | 1973-2004년<br>2nd Period<br>American Tire<br>훈련<br>(엡 4:11, 12) | 2004-2024년<br>3rd Period<br>Global World Tire<br>사명<br>(행 20:24; 딤후 4:7) | 2024년 이후<br>Post-game<br>Show<br>(마 6:33) |
| **4단계**<br>American<br>Football<br>Basketball | 1944-1964년<br>1st Quarter<br>초기<br>예수 그리스도를<br>만나고 헌신<br>소명<br>(롬 8:29) | 1964-1984년<br>2nd Quarter<br>중기(전)<br>의사로서의<br>훈련<br>(엡 4:11, 12) | 1984-2004년<br>3rd Quarter<br>중기(후)<br>영적지도자/사역자<br>로서의 훈련<br>(엡 4:11, 12)<br>(장로→사역자) | 2004-2024<br>년<br>3rd Quarter<br>후기(Climax)<br>미국, 한국,<br>전 세계 Korea<br>Diaspora 사역<br>사명<br>(행 20:24, 딤후 4:7) |
| **5단계** | 0-20세<br>유·청소년기<br>기초 단계 | 20-40세<br>청년기<br>전반기<br>훈련 단계 | 40-60세<br>중년기<br>후반기<br>훈련 단계 | 60-80세<br>장년기<br>사역기 |

4단계 마지막 열: 2024년 이후<br>Post-game<br>Show<br>하나님의 나라와<br>주의 의를<br>나를 통해<br>이루신다.<br>(마 6:33)

5단계 마지막 열: 80-100세<br>황금기<br>(딤후 4:7-8)

자신의 미래 이력서를 써보기를 바란다.
미래 이력서는 우리의 현재를 다르게 이끌고, 미래를 바꾼다.
다음 페이지의 '나의 자기 경영표'에도 올해에 계획한 바를 기도하며 적어 보기 바란다.

# 나의 자기 경영표

주제: _____

목표: _____

약속의 말씀: _____


## 1. 삶의 영역
1) 영적 생활
_____

2) 지적 · 정서적 생활
_____

3) 건강 생활
_____

4) 가정 생활
_____

5) 학교(직장) 생활
_____

6) 교회 생활
_____

7) 재정
_____


## 2. 기도
사랑의 하나님 아버지, 마태복음 6장 33절 말씀대로 하나님 나라와 의가 제 삶에 있어서도 최선입니다. 여호수아처럼 온 맘을 다해 하나님을 의뢰하고 인정하며 주님이 이끄시는 길에서 치우침 없이 주님과 동행하겠습니다. 제 인생의 멋진 일부가 될 올해를 주님께 맡겨 드립니다. 예수님 이름으로 기도합니다. 아멘.

# 나의 인생

worksheet

## 나는 지금 어디로 가고 있는가?

_____

_____

_____

_____

_____

_____

_____

_____

_____

_____

_____

_____

_____

_____

_____

_____

# 나의 인생 목적은 분명한가?

## 01.
### 내 인생의 사명 선언문을 쓰자.

_____

_____

_____

_____

_____

_____

_____

_____

_____

_____

_____

_____

_____

_____

_____

_____

# 02.
## 사명을 이루기 위해 미래 이력서를 쓰자.

### 현재의 이력서

---

---

---

---

---

---

---

### 5년 후의
### 나의 모습

---

---

---

---

10년 후의
나의 모습

_____

_____

30년 후의
나의 모습

_____

_____

50년 후의
나의 모습

_____

_____

_____

# 하나님 앞에서
# 삶을 점검하라

나의 믿음을 통해 주변 사람들이 어떤 영향을 받았고 어떤 변화를 보여 주었는가?
지출과 수입이 어떻게 늘어났는지만 살필 것이 아니라
하나님 앞에서 영적 가계부도 점검해야 함을 간과해서는 안 된다.

　우리는 모두 오늘 반드시 해야 하는 일들이 있다. 그런가 하면 내
일 해도 되는 일들도 있다. 오늘 해야 할 일들을 오늘 하는 사람이
하나님 보시기에 선한 청지기다. 오늘이 내게 주어진 마지막 시간
일 수 있기 때문이다. 오늘 해야 할 일을 반드시 해낸 성경 인물을
들라면 나는 바울을 꼽는다.

　바울은 인생의 전반전을 열심히 살았다. 그 결과 세상의 지위와 학

문과 명예까지 얻었지만, 그는 하나님 나라에 반하는 일에 목숨을 걸었다. 예수 믿는 자들을 잡아들이기 위해 열심을 냈기 때문이다. 그런 그가 예수를 만난 후 분명한 목적이 생겼고 '푯대를 향해' 달려 가는 사람으로 변했다. 땅끝까지 로마를 향해 달려갔다. 바울은 주 예수께 받은 사명을 위해 "나의 생명을 조금도 귀한 것으로 여기지" 않고 달려갔다. 의의 면류관을 준비하셨음을 믿고 달려갔다.

> "보십시오, 이제 나는 성령에 매여서 예루살렘으로 가는 길
> 입니다. 거기에서 무슨 일이 내게 닥칠지 나는 모릅니다.
> 다만 내가 아는 것은, 성령이 내게 일러주시는 것뿐인데,
> 어느 성읍에서든지, 투옥과 환난이 나를 기다리고 있다는
> 것입니다. 그러나 내가 내 달려갈 길을 다 달리고, 주 예수
> 에게 받은 사명, 곧 하나님의 은혜의 복음을 증언하는 일을
> 다하기만 한다면, 나는 내 목숨이 조금도 아깝지 않습니다"
>
> (행 20:22-24, 표준새번역).

바울의 이 고백은 우리가 오늘을 어떻게 살아야 할지 가르쳐 준 다. 바울이야말로 참된 인생 경영의 모델이다. 그런데 안타깝게도 이 인생 경영의 비밀을 모른 채 무작정 열심히 살아가는 그리스도

인들이 수없이 많다.


## 인생 계획표 구성하기

바울의 고백을 통해 나는 인생 계획표를 구성하는 지혜를 배운다. 성경 인물들 중 가장 탁월하게 복음 사역을 감당한 믿음의 사람 바울은 현대 사회를 살아가는 우리에게도 동일한 믿음의 노하우를 알려 준다.

"내가 내 달려갈 길을 다 달리고, 주 예수에게 받은 사명, 곧 하나님의 은혜의 복음을 증언하는 일"에 우리의 인생이 맞춰져야 한다. 그 일을 위해 우리의 시간을 계획해야 한다는 것이다. 이것은 전도자나 목회자만의 특권이나 책임이 아니라 하나님을 주라 시인하는 모든 민족에게 주신 위대한 사명이다. 이 사명을 완수하기 위해 우리가 가장 효과적인 방법으로 경주하도록 전략을 짜는 것이 지혜로운 인생 계획표다. 이러한 계획표를 구성한 후에야 우리는 제대로 된 길을 따라 목표 지점까지 바울처럼 달려갈 길을 갈 수 있다.

여기서 우리가 잊지 말아야 할 것은 인생 계획표는 혼자서 짜면 안 된다는 사실이다. 반드시 동역자가 있어야 한다. 동역자를 찾지 못했다면 먼저 동역자를 발견하게 해 달라고 기도해야 한다. 그것은 가장 가까운 배우자나 가족일 수 있고, 공동체나 직장, 교회 공동체일 수 있다. 그리고 최고의 동역자는 성령님이시다. 인생 계획표를 얼마나 탄탄하게 구성하느냐에 따라 물밀 듯이 밀려오는 여러 가지 공격들에도 믿음의 푯대를 잃어버리지 않을 수 있다.

바울은 옥에 갇히는가 하면 끊임없이 핍박을 받았다. 하지만 단 한 순간도 핍박 때문에 달려가야 할 길을 멈추지 않았다. 바울과 우리의 차이는 평범함과 비범함의 차이다. 우리는 실패를 맛보기 전에 실패를 자초하고, 목적지로 가야 하는 것을 알면서도 그 길이 오래 걸리고 가시밭길이라서 포기하며 쉽게 합리화한다.

하나님은 단 한 번도 우리에게 눈 한번 질끈 감으면 뚝딱 믿음의 사람이 된다고 약속하지 않으셨다. 아무리 생각하고 아무리 노력해도 쉽게 이룰 수 없는 믿음의 고지들을 보여 주셨다. 그것이 하나님이 우리에게 주신 믿음의 여정이다. 그 길을 우리는 인생을 통해 이루어 내야 하는 것이다.

바울은 믿음의 제자들에게, 동시대 신앙인들에게 더없는 스승이요 훌륭한 나침반이다. 의무를 다하는 리더가 얼마나 주변에 생명력을 불어넣고 살아 있는 변화를 가져오는지 모른다.

자신을 돌아보기 바란다. 나의 믿음을 통해 주변 사람들이 어떤 영향을 받았고 어떤 변화를 보여 주었는가? 나는 가족과 친구, 이웃, 지인들에게 얼마나 살아 있는 믿음의 증거들을 보여 주었는가?
자신 있게 대답할 수 없다면 이유가 무엇이라고 생각하는가?

우리가 잘못된 인생 계획표를 가지고 있어서일까, 아니면 잘못된
방향으로 인생을 끌고 가기 때문일까? 이유는 매일 인생 계획표를
점검하고 돌아보지 않았기 때문이다. 지출과 수입이 어떻게 늘어
났는지만 살필 것이 아니라 하나님 앞에 우리의 영적 가계부도 점
검해야 함을 간과해서는 안 된다. 언젠가 우리에게 돌이킬 수 없는
마이너스 인생으로 청구서가 발행될지 모르기 때문이다.


## 우리가 돌보아야 할 양 떼에게로

> "여러분은 자기 스스로를 잘 살피십시오. 또 여러분은 양
> 떼를 잘 보살피십시오"(행 20:28, 표준새번역).

사도 바울은 자기를 잘 살핀 다음 양 떼를 돌보라고 권면한다.
양 떼란 영적 자녀들일 수도 있고 육신의 자녀들일 수도 있다. 하
나님의 길로 함께 걸어갈 수 있도록 먼저 된 자들이 마땅히 행할
바를 가르치라는 뜻이다.

대학 시절 주님을 만난 것은 내겐 분명 복이었다. 그때 나는 바울처럼 극적으로 하나님을 만났고, 놀랍고도 복된 미래가 전개되었다. 하나님을 늦게 만나면 만날수록 우리 인생은 아쉬운 인생이 된다. 젊을 때 만날수록 우리 인생은 더욱 복될 가능성이 높다.

복음은 그저 사람들의 귀에 가서 닿는 법이 없다. 사도 요한처럼, 예수님처럼, 베드로처럼, 바울처럼 가서 외쳐야 한다. 이것이 하나님의 방법이다.

대학 시절 동기들은 훌륭한 의사가 되기 위해 열심히 공부했다. 다들 무작정 열심히 살았다. 하지만 나는 하나님이 내게 맡기신 양 떼에게 말씀의 꼴을 먹이기 위해 애썼다. 나의 양 떼란 친구들이요 학교 후배요 교회 선배들이다. 그들에게 인생의 참된 목표를 알려 주기 위해 부지런히 전했지만, 그중 몇 명만 열매를 맺었을 뿐이다. 하지만 하나님은 열매의 많고 적음을 보지 않으시고 나의 중심을 보셨으므로 내 인생을 알곡으로 빚어 가셨다.

대학 졸업 후 유수의 기업에 취직해 안정된 생활 기반을 다지긴 했으나, 어느 순간 밀려드는 영혼의 찬바람에 어쩔 줄 모르는 이들을 주변에서 흔히 본다. 만일 당신 눈에 그 영혼들이 보인다면, 그 사람들이 당신의 양 떼다. 그들에게 당신이 깨달은 인생의 비밀과 하나님 나라의 섭리를 알려 주어야 한다. 양 떼를 돌볼 때 하나님이 당신의 인생을 얼마나 값지게 먹여 주시는지 알게 될 것이다.


## 자녀를 양육하는 목자의 기쁨

양 떼 중의 양 떼는 바로 자녀들이다. 나에게도 세 명의 자녀가 있다. 이 양 떼들과 인생 이력서를 공유하고 비전을 공유하는 것이 우리의 내일을 얼마나 거룩하게 성장시키는지 모른다.

나는 세 아이를 키울 때 'Step by Step'으로 키웠다. 절대 강요하거나 재촉하지 않았다. 둘째 아들은 어렸을 때부터 그림 그리는 것을 좋아하더니 애니메이션 작가로 성공했다. 세계에서 1, 2위를 다투는 애니메이션 회사에서 콘셉트 아티스트로 스카우트 제의를 받았을 정도다. 그리고 지금은 디즈니랜드에서 캐릭터와 영화를 만들고 있다. 아들은 회사를 옮기는 것 같은 중요한 결정을 할 때마다 내게 메일이나 전화를 통해 의견을 구한다. 나와의 영적 교감을 통해 하나님의 인도하심을 구하고 기도를 부탁하는 것이다.

큰아들은 처음엔 의사가 되기를 원했으나 나와 많은 상담을 통해 경영학과를 마친 후 신학교에 들어갔다. 큰아들은 지금 목회자로, 다음 세대를 위한 영적 지도자로서 왕성한 사역을 감당하고 있다. 딸은 변호사로 성공을 거두었으나 결혼에 실패했다. 가장 마음이 아픈 자녀다. 사춘기 시절, 나와 가장 마찰이 많았지만 힘든 만큼 서로가 견고하게 영적 유대 관계가 생겨서 지금은 든든한 제자요 멘토로 영향을 주고받고 있다. 딸이 이혼을 결정하면서 힘든 시간을 보낼 때 하나님은 목자의 마음을 내게 주셨다. 마음이 아파 아무것도 하지 못하는 딸을 붙잡고 함께 울어 주고, 지친 몸을 회복시켜 주고, 상처 난 감정들을 다독여 주도록 지혜를 주셨다. 하나님의 마음이 아니고서는 부모로서 감당하기 힘든 시간들이었다. 하지만 하나님은 양 떼를 통해 목자도 자라게 하셨다. 양 떼를 먹이시는 분은 목자가 아니라 목자에게 양 떼를 주신 창조주셨다.

부모가 자녀보다 영적 권위가 있는 것은 사실이지만, 영적 권위는 상처 난 부위에 바르면 덧날 수가 있음을 알게 하셨다. 영적 권위는 자녀들을 공격하는 사탄의 권세 앞에서 강력한 힘을 발휘해야 함을 알았다. 자녀들 대신 영적 세계에서 맞서 싸워야 하는 것이다. 말씀으로, 기도로, 찬양으로, 성령의 도우심으로 자녀들이 영적으로 곤고해지지 않도록 부모는 양 떼를 지키는 목자가 되어 영혼의 수많은 밤들을 홀로 지새워야 한다. 그 모든 외로움과 힘겨운 시간들은 창조주께서 하늘의 뭇별들처럼 하나도 버린 바 되지 않고 갚아 주신다.

부모가 자녀를 위해 끊임없이 기도하고 무릎 꿇을 때 하나님께서는 귀히 여기시고 응답해 주신다. 자녀들이 이를 보게 하시고 부모의 마음에 담긴 하나님의 심정을 알게 하신다. 이것이 양 떼에게로 나아가는 목자만이 알 수 있는 기쁨이다. 이 기쁨이 우리의 내일을 승리로 이끄는 승전가다. 매 순간 여호와를 인정하여 그분이 우리 인생을 경영하도록 자녀들과 함께 무릎을 꿇는 것이야말로 인생 경영의 미래를 보장한다. 딸은 고난을 통해 영적으로 더욱 성숙해져서 더 좋은 남편을 만나 행복한 삶을 누리고 있다.

미국에서 살 때 하나님께 바짝 엎드린 적이 있었다. 당시 나에게 가장 필요한 훈련이 바로 언어와 돈이었다. 그중 돈 때문에 겪은 일화가 있다.

미국으로 건너갈 당시 나는 무일푼이라고 해도 좋을 만큼 가진 게 없었다. 돈 500달러를 가지고 미국행 비행기에 올랐는데, 영어를 배우기 위해 가자마자 400달러를 주고 컬러 TV를 살 수밖에 없었다. 텔레비전을 사고 나니 100달러가 남았다. 하지만 절망하지 않았고 하나님이 왜 영어 공부를 해야 하는지 아시므로 때에 따라 돈을 주시리라 믿고 열심히 일했다.

무일푼이었을 때도 있었다. 미국으로 간 지 몇 개월 지나지 않았을 때였다. 자동차가 꼭 필요해 있는 돈을 다 모아 할부로 구입했다. 월급이 나오는 2주 후까지 우리는 무일푼으로 살았지만 하나님은 필요한 것들을 채워 주셨다.

아내나 나는 무계획으로 재정을 관리하는 사람들이 아니다. 우리는 하나님의 재정 원리에 맞게 십일조와 헌금을 반드시 하고 절약하고 소박하게 가계를 꾸려 나갔다. 이미 저지른 일이지만 걱정하려고 들면 끝이 없었을 상황이었다. 하지만 하나님은 우리가 경제적으로 곤란을 겪지 않도록 섭리하셨다. 오히려 차고 넘치게 풍족한 생활을 허락해 주셨다. 이를 두고 아이들은 믿음의 탄력성을 배웠다. 나 또한 융통성 있게 믿음의 배포를 부리는 호기도 생겼다. 하나님을 시험하는 것이 아니라, 하나님을 향한 절대적인 신뢰가 있기에 양 떼들과 함께 조금은 불편해도 너끈히 견뎌 나갈 수 있었다.


## 장래가 기대되는 양 떼로 키우는 십계명

양 떼 중의 양 떼인 자녀들을 쓸모 있는 하나님의 사람으로 키우는 데는 몇 가지 원칙이 있다. 이 원칙을 지킬 때 하나님은 자녀가 부모와 비전을 공유하며 하나님이 원하시는 믿음의 분량으로까지 자라게 해 주실 것이다.

먼저, 하나님의 나라와 의를 구하는 삶을 가르쳐야 한다. 그러면 마태복음 6장 33절에 기록된 말씀처럼 "이 모든 것을 너희에게 더하시리라"는 하나님의 불변의 법칙을 체험하게 된다.

다음으로는 지력을 키워야 한다. 성경 공부와 학과 공부를 충실히 하도록 해야 한다. 이를 통해 믿음의 눈을 뜨고 세상의 견문에 대한 거룩한 도전을 받게 된다.

셋째는 정서력과 덕을 세워야 한다. 건강한 자아상이 생기면 쓴 뿌리나 상처 없이 하나님의 말씀이 그 안에 그대로 뿌리가 내려 온전히 하나님의 일을 효과적으로 할 수 있게 된다.

넷째는 정신력과 체력을 강화해야 한다. 도전하는 용기도 없는 아이가 공부만 잘한다고 큰 인물이 되리라고 생각하면 오산이다.

다섯째는 시간 관리를 잘해서 자신을 절제하고 '육체를 쳐서 복종'하게 하는 하나님 나라의 원리를 어려서부터 몸소 알게 가르쳐야 한다. 또 현대 사회에서 매우 중요한 금전 관리를 가르쳐 이를 통해 사탄이 틈타지 못하게 해야 한다. 특히 명품이나 안목의 정욕에 빠지지 않도록 가르쳐야 한다.

여섯째는 정서력을 가르쳐야 한다. 육신의 정욕을 좇지 않으려면 날마다 그리스도 십자가 앞에 부모도 자녀들과 함께 몸을 드려야 한다. 우리 몸을 산 제사로 받으시는 아버지께 거룩한 제사장으로 훈련시켜 달라고 의탁해야 한다. 이것은 우리 생활을 검소하게 하여 고고한 믿음의 삶을 걸어갈 수 있도록 하는 기본기라 해도 좋다.

하나님은 우리의 자녀들 역시 많은 사람들에게 귀한 영향력을 주며 인생 경영의 달인이 되기를 원하신다. 그렇기에 자녀들에게 반드시 인간관계에 성공하는 법을 가르쳐야 하는 것이 일곱째 원칙이다. 무엇보다 신실한 사람들을 가까이 사귀어야 한다. 사람을 판단하지 않되 영적인 순결을 지키는 믿음의 사람들을 구분할 수 있는 믿음의 감별력을 키워야 한다.

마지막으로 하나님이 하시는 일들을 긍정적으로 바라보고 푸르고 푸른 하나님 나라의 꿈을 심어 주며 가르쳐야 한다. 이러한 시각이 하나님을 기대하게 하고 용기 있는 믿음의 소유자로 자라게 한다. 하나님은 사랑하는 자들을 견고하게 하기 위해 지속적으로 훈련하신다. 그 훈련을 통과하면서 우리는 인생 경영의 달인으로 다듬어지고 비전 인생으로 살게 된다. 그것이 하나님의 은혜요 성공하는 인생 경영의 비결이다. 오늘, 우리의 내일을 선포하려면 믿음의 훈련을 견디겠다는 결단을 해야 한다.

# 자녀 십계명
## The Ten Commandments for Child

**01.**

## 먼저 하나님의 나라와 하나님의 의를 구하는 삶을 살라

온전히 하나님을 좇는 삶을 살라(마 6:33). 예배 시에 하나님께 첫 자리를 드리라. 성경 읽기, 성경 암송을 하고, 예수님이라면 어떻게 할 것인가를 항상 생각하고 결심하라.


**02.**

## 지력을 키우라(호 6:3-6)

하나님을 경외하는 것이 지식의 근본이며(잠 1:7), 그리스도를 아는 지식이 가장 고상하다(빌 3:8). 매일 큐티하고 하나님을 힘써 알라(호 6:1-6). 또한 학과 공부에 충실하되 공부해서 남을 유익하게 하라. 신앙 서적, 위인전, 역사 서적, 지도력 증강 서적을 읽고 독후감을 쓰라.


**03.**

## 정서력과 덕을 세우라(잠 4:23; 빌 2:3-5)

건강한 자아상(빌 3:9, 예수 안에서 자신을 발견하라)을 갖도록 힘쓰라. 내가 건강해야 다른 사람도 건강하게 할 수 있다. 먼저 바른 인격을 가지고 남에게 덕을 끼치라. 정직, 순결, 겸손, 화평케 하는 자가 되고 걱정, 근심, 염려, 불안을 하나님께 맡겨 드리라(요 14:1; 빌 4:6-7; 벧전 5:7). 쓴뿌리나 상처를 예수 안에서 치유하여 마음이 건강하고 유머 있는 인생을 살라(히 12:15).

## 04.
### 정신력을 강화하라(수 14:10-12)

역경, 대적의 파도 앞에서 두려워하거나 위축되지 않고 오히려 문제를 대적하고 극복하며 승리하는 자세를 가지라. 개척자, 선구자적 자세로 담대하라. 오대양 육대주를 바라보고 정복하며 세계를 가슴에 품는 세계적 그리스도인이 돼라.

## 05.
### 체력을 강화하라

체력은 국력이다. 건강한 몸을 위해 절제 생활을 하라. 술, 담배, 마약을 금하라. 노름과 섹스를 탐닉하지 말라. 절제된 식생활, 꾸준한 운동으로 체력을 강화하라.

## 06.
### 시간 관리를 철저히 하라(엡 5:15-16)

하루 시간표를 작성하고 실천하라. 우선순위를 정하고 바쁜 일보다는 중요한 일에 더 시간을 사용하라(1년, 5년, 10년, 25년, 50년 계획을 세우고 미래 이력서를 작성하라).

## 07.

### 금전 관리를 잘하라 (딤전 6:10)

수입과 지출 계획표를 작성하라. 자기를 위해서 절약, 절제하고 남을 위해선 풍성하고 여유 있게 베풀라. 돈을 속이지 말고 정직하라. 명품을 찾지 말라. 나 자신이 명품이다.


## 08.

### 정력 관리를 철저히 하라 (요일 2:15-17)

육신의 정욕을 이기라—돈, 성을 관리하라.
안목의 정욕을 이기라—눈으로 범죄하지 말고(아이쇼핑, 욥 31:1) 하나님을 주목하라.
이생의 자랑을 삼가라—허영된 공명심, 명예심, 교만을 버리라.
겸손과 검소함을 생활화하라.

## 09.
## 인간관계를 잘하여 적을 만들지 말고
## 많은 신실한 사람들과 사귀라(롬 12:14-21)

사회적으로도 유익을 주는 사람이 돼라. 네트워킹을 잘하고 인격적이며 신앙 있는 친구를 사귀며 그들에게 유익을 주어라. 손해 보고, 져 주고, 양보하는 것을 두려워 말고 베푸는 자가 돼라(눅 6:31-38). 가난한 자, 도움이 필요한 자를 잘 돌봐 주고 섬기는 자세를 가지라. 남을 비방하거나 무시하는 말 대신 그의 장점을 잘 살펴서 칭찬하고 격려하는 말을 하라.

## 10.
## 원대한 비전을 갖고 미래 지향적이며
## 긍정적인 자세를 가지라(마 28:18-20; 행 1:8; 막 16:15)

기독교적인 세계관을 갖고 예수님의 지상명령인 온 천하, 모든 족속, 땅끝까지 복음을 전파하기 위해 준비하는 세계적인 그리스도인이 돼라. 세계를 가슴에 품으라(롬 14:8; 고전 10:31).

# 성공적인
# 인생 경영 모델로 살라

내게 주신 시간에 대해 나는 의무와 책임이 있다.
하나님이 나를 어디서 부르시든 내가 대답할 수 있는 곳이라야 한다.
바로 이것이 하나님이 우리에게 인생 경영을 점검하는 방법이다.

---

　　하나님이 내 인생 가운데 허락하신 복 중의 복을 소개한다면, 바로 나의 자녀들이 나를 닮고 싶어 한다는 것이다. 인간 박수웅을 닮고 싶은 것이 아니라 하나님의 방법대로 하나님의 길로 가려 하는 한 그리스도인을 닮고 싶어 하는 것이다.

　　"아빠를 생각하면 비저너리(Visionary)가 떠올라요."

　　며느리가 한 말이다. 며느리는 나를 '아빠'라고 부르는데 나를 통해 격려와 도전을 받는다고 말한다. 자신의 남편도 아버지인 나를 따라 1년, 5년, 10년 단위의 계획들을 세우고 그 계획에 따라 열심히 노력하는 것을 볼 때마다 감사하다고 말한다. 나는 이 고백을 들었을 때 하나님 아버지께 너무나 감사했다.


어디에서 무얼 하고 있니?

이제 몇 년 후면 나는 인생 7학년이 될 것이다. 곧 닥칠 7학년이 되어서도 나는 비저너리이고 싶다. 인생의 6학년으로서 나는 하루하루가 설렘의 연속이다. 하나님이 또 어떤 일들을 펼쳐 나가실지 아침에 눈을 뜰 때마다 기대가 된다. 많은 사람들이 하나님을 기대하지 않기에, 어제가 오늘이요 오늘이 내일인 지루한 일상이 반복되는 것이고, 늘 피곤한 일상이 되는 것이다.

오늘은 내 인생에서 두 번 다시 오지 않는 시간이다. 그렇기에 오늘은 늘 새로운 날이다. 오늘 하루는 어디서도 누군가와도 맞아 본 적이 없는 신비로운 시간이다. 내가 하나님을 인격적으로 만난 후 단 한 순간도 '우물쭈물하지 않는' 이유가 바로 이 때문이다.

"사랑하는 자들아 주께는 하루가 천 년 같고 천 년이 하루

같다는 이 한 가지를 잊지 말라"(벧후 3:8).

　하나님의 시간 계산법으로는 나의 하루와 그분의 하루를 동일한 질량으로 측정할 수 없다. 그분은 3차원, 4차원을 넘어서는 신묘막 측한 차원에서 시간을 살고 계시다. 그분에게 순간은 우리에게 영원이요 우리의 영원은 그분에게 순간일 수 있다.

　내게 주신 시간에 대해 나는 의무와 책임이 있다. 이 땅에서 주어진 삶, 즉 내 인생에 대한 책임이 있다. 하나님은 "저녁이 되고 아침이 되니"라고 하시면서 날을 계수하셨다. 언제 어떤 방법으로 내 삶에 대해 물으실지 알 수 없으나, 반드시 물으신다고 성경은 말하고 있다.

　"수웅아, 너는 어디에 있느냐?"

　하나님이 나를 어디서 부르시든 내가 대답할 수 있는 곳이라야 한다. 하나님이 찾지 못하시는 곳은 없지만 하나님은 나의 인격적인 고백을 듣기 원하신다. 무엇을 하고 있는지 물으시는 것이다. 바로 이것이 하나님이 우리의 인생 경영을 점검하는 방법이다.

## 내 약점 속에서 일하시는 하나님

현대 의학이 발달할수록 사람들의 평균 수명이 높아지고 있다. 7학년에서 8학년으로 이미 넘어섰다. 인생 후반전에 인생을 성공적으로 경영하기 시작한 사람들의 사례도 우리는 볼 수 있다. 톨스토이도 생의 말년에 『부활』을 발표했고, 존 밀턴은 말년에 실명의 위기 속에서 대작 『실낙원』을 집필했다. 그 시간들을 통해 그는 "장님이 비참한 것이 아니라 장님의 처지를 견디지 못하는 것이 비참하다"는 고백을 남겼다. 이것은 인생 경영의 성패가 달린 중요한 키워드를 제공한다.

인간은 누구나 끝없이 절망하고 고뇌하고 유혹의 순간들을 직면한다. 하나님의 도우심이 아니면 단 한 순간도 자기 혼자의 힘으로 똑바로 목표 지점을 향해 나아갈 수 없다. 하지만 하나님은 우리에게 의지를 주셨고, 그 의지를 드릴 때 더 큰 하나님의 사람으로 성숙시켜 주신다.

세계적인 인물들도 올라야 할 자신만의 산이 있었고, 그 산에 오르고 나서야 하나님의 시각을 얻을 수 있었다. 나의 아킬레스건과 약점들을 꽁꽁 감춰 두면 그것은 언젠가 부메랑이 되어 더 큰 화살로 내게 와 박힐 수 있다. 약점을 보완할 방법을 알려 주시고, 그 약점 속에서 하나님이 어떻게 일하는지를 알게 하시는 것이 하나님의 사랑법이다. 인생을 경영하는 데 가장 중요한 핵심은 그 인생을 내게 허락하신 하나님을 향한 피조물로서의 태도다.

내 인생에서 클라이맥스가 아닌 적은 단 한 순간도 없었다. 진심으로 이것이 나의 고백이다. 하나님을 진정으로 만난 후 내 생의 순간 순간은 언제나 삶의 절정이었다. 순간들이 이어져 하나님의 경영하심에 눈을 뜨게 하셨고 사람들에게 그 경영의 비밀을 알리게 하셨고, 더 많은 사람들에게 알리고자 책까지 쓰게 하셨다. 나를 향한 하나님의 경영하심은 지금도 계속되고 있기에 나는 오늘도 어떻게 하루가 마감될지 기대 충만하다.


## 하나님이 이끄시는 나

자꾸만 여기저기서 불쑥불쑥 나타나는 '겉사람' 박수웅을 쳐서 '속사람' 박수웅을 단단하게 해야 한다. 이것이 하나님이 원하시는 인생에 도달할 수 있는 유일한 방법이다. 이 훈련을 좀 더 효과적으로 하고 싶다면 하나님의 개입하심을 적극적으로 수용하기 바란다. 젊은 날 내 인생 한가운데로 묵묵히 걸어 들어오시는 그분의 숨결을 느끼고 그분의 걸음에 보조를 맞춰야 한다. 그것이 우리를 어둠의 골목길을 지나 빛 가운데로 들어가게 하시는 하나님의 내비게

이션이다.

이때 나를 향해 일하시는 하나님의 일하심을 한 달 단위로, 1년 단위로, 5년과 10년 단위로 짤막하게 정리하기 바란다. 그분의 신비로운 계획을 희미하게나마 알게 될 것이다.

내가 인생 경영문을 쓰고 나자, 하나님께서 내 인생 스케줄을 20년 단위로 크게 변화시키셨음을 알게 되었다. 나의 의지와 상관없는 그분의 계획이시다. 그러나 가만히 살펴보면 나의 의지를 하나님의 계획으로 변화시키시고 결국 하나님의 뜻에 맞게 이끄셨음을 알 수 있다. 은사를 찾으면 훈련하게 되고, 훈련을 통해 직업을 결정하게 된다. 그 직업이야말로 비전 인생을 살아가는 데 중심축이라고 해도 과언이 아니다. 몇 번이고 변화의 과정은 있을 수 있지만, 하나님은 우리에게 일을 주시고 일을 통해 하나님의 일을 하게 하신다.

야망이 아닌 비전으로 살아가는 삶이 되기를 바란다. 야망을 내려놓고 하나님이 주시는 비전을 채울 때라야 하나님은 경영 수업의 정수를 보여 주신다. 나 중심에서 하나님 중심으로 무게중심을 옮기면 하나님의 경영 수업은 정말 흥미진진하기만 하다.

"너희 안에서 행하시는 이는 하나님이시니 자기의 기쁘

신 뜻을 위하여 너희에게 소원을 두고 행하게 하시나니"(빌
2:13).

억지로 발을 담그게 하실지라도 하나님은 항상 그 곁에 함께하셨
다. 사람들 앞에서 강의하게 될 줄은 꿈에도 모르던 내게 하나님은
1987년 이후로 지금까지 입을 벌려 강의하게 하셨다. 나의 이야기
를 전하지만 핵심은 하나님의 것으로 가득 차 있다. 하나님의 것이
아니라면 나의 입은 잔소리에 지나지 않는다. 그 잔소리는 사람들
을 변화시킬 수 없다. 하나님의 것으로 하나님이 개입하셔서 직접
일하신 것이라야 사람들이 가슴을 치며 하나님 앞으로 무릎을 꿇고
나올 수 있다. 배우자에게 용서를 구하고, 부모로서 자녀들에게 최
선을 다하며, 하나님 나라 회복을 위해 인생 행복의 진로를 수정하
기로 결단하게 된다.


## 인생에서 물러나지 말라

소그룹에서 강의하는 것을 더 좋아하던 내게 하나님은 새로운 경
영 수업을 받게 하셨다. 제자훈련을 기초로 청년 대학생들의 속 깊
은 상담자가 되게 하신 것이다. 인간관계와 이성관계, 비전과 성적

인 고민들을 의사로서 전문적인 조언과 함께 상담하게 하셨다. 의사라는 전문성과 제자훈련이라는 신앙적 배경은 환상의 조화를 이루며 청년 대학생들에게 좋은 상담 창구가 되었다.

하나님은 말씀 묵상을 통해 성에 대한 생각을 바꾸어 주셨다. 이를 아는 것이 시험에 들지 않는 인생이요 성을 통해 실패하지 않는 비결임을 알려야겠다는 비전도 주셨다. 성과 관련해 내가 아버지로서 딸하고도 할 수 없던 이야기들을 여학생 제자들과 나누면서 구체적이고 실질적인 공부를 할 수 있었다. 이러저러한 책과 연구 논문들을 뒤지며 연구하게 되었고, 나의 강의와 접목시키기 시작했다. 하나님이 길을 열어 주신 것이다. 특별한 제자훈련이었다.

남학생과 여학생을 구분하여 각각 5명의 제자가 생겼다. 나는 청년들을 제자훈련하면서 그들의 인격과 삶이 바뀌는 것을 목표로 한다. 'Back to The Bible', 이것이 우리가 도달할 목표다.

이후 하나님은 부부생활 세미나도 열게 해 주셨다. 반응이 좋았다. 1989년 LA에서 처음 시작했는데, 그때 아내는 성 강의를 하는 나를 부끄러워했다. 그런 아내에게 나는 담대하게 말했다.

"여보! 부끄러워하지 마요. 하나님이 가르치기 원하시는 겁니다. 내가 그 강의를 하기 원하세요."

지금 아내는 누구보다 나와 호흡이 잘 맞는 세미나 동역자가 되었다. 아이들도 내가 하고 있는 독특한 사역을 존중하고 도움을 곧잘 요청한다. 이 사역들을 통해 하나님은 무엇보다 나를 변화시키셨고, 아이들과의 관계, 아내와의 관계를 회복시키셨다. 아이들이 지금도 나를 어려워하지 않고 자연스럽게 스킨십을 하고 기도를 요청하는 것도 이 사역을 통해서다.

하나님은 나의 가정도, 자녀도, 공동체도 돌아보게 하셨고 그 모든 것들을 건강하게 경영할 수 있도록 지혜를 주시고 순간마다 도와주셨다. 많은 가정사역자들이 위기의 순간에 자신을 다스리지 못하고 가정을 돌보지 못해 정작 자신의 인생이 해를 입는 경우를 본다. 하나님의 실패작이 아니요 우리 자신이 올바르게 경영하지 못한 탓이다. 이것은 자칫 잘못하면 바로 나 자신의 일이 될 수 있고, 우리가 사랑하는 사람들의 일이 될 수 있다.

하나님은 우리가 언제나 인생에서 한 발 뒤로 물러나기를 원치 않으신다. 예수님이 그러하셨듯이 우리의 삶을 날마다 하나님께 의탁하며 '하늘에 계신 우리 아버지'를 찾기 원하신다. 계속 하나님을 구하며 찾을 때 하나님은 우리를 거룩한 삶으로, 성공적인 인생 경영의 모델로 만들어 주실 것이다.

사랑하는 딸이 이혼했을 때 우리 가족은 단 한 사람도 딸을 비난하거나 가슴 아픈 말을 하지 않았다.

"다 네가 잘못한 거야, 좀 참지 그랬니? 다들 그렇게 살아!"

"넌 그렇게 대단해? 양보하고 살면 안 돼?"

"내가 너 때문에 못 살겠다!"

사탄이 던지는 그럴듯한 먹잇감들을 기도와 사랑으로 막을 수 있었다. 우리는 딸에게 미래 이력서를 날마다 선포하고 기도로 중보하면서 "너에게 무슨 일이 있어도 아빠 엄마는 항상 네 편이야. 넌 단 하나밖에 없는 소중한 딸이란다" 하고 안아 주었다. 그러자 딸은 상처에서 조금씩 회복되었다. 우리 가족이 하루하루 하나님께 우리의 인생을 드리지 않았다면 불가능했다고 나는 생각한다.

위기는 반드시 어느 날 도둑처럼 찾아온다. 도둑은 언제나 기분 나쁜 존재요 기분도 망치고 관계에도 해를 끼치고 흔적도 남긴다. 하지만 도둑이 들었음을 인정하고, 내 눈앞에 들이닥친 도둑을 주님의 이름으로 대적하고 예수 그리스도의 권세를 선포해야 한다. 이것이 하나님이 우리 인생에게 허락하신 승리의 비결이다. 인생이 위기의 연속이며 언제나 위기가 도사리고 있음을 기억하는 사람은 긴장을 늦출 수 없다.

## 인생 경영의 지속성

사도 바울은 "나는 날마다 죽노라"고 했다. 살 만하면 바람이 불고, 숨 좀 쉴 만하면 태풍이 부는 것이 우리 인생이다. 정신을 차리지 않으면 혼도 영도 다 빼앗겨 버리는 것이 포스트모던 시대를 살아가는 우리들의 위기다.

우리는 누구든지 주변 사람들에게 자극을 받아야 한다. 멘토링을 받을 수 있는 사람, 기도를 받을 수 있는 사람, 하나님의 선한 일을 기억하는 사람, 적극적인 사고방식을 가진 사람, 찬양할 줄 아는 사람, 불평 대신 감사를 드릴 줄 아는 사람들과 교제해야 한다. 남부럽지 않은 재산도 있고 명예가 있어도 그 영혼이 하나님을 모른다면 우리는 기도하면서 그에게 하나님을 알려 주어야 한다. 그 영혼에게 자극을 주어야 한다.

하나님이 우리에게 인생을 경영하라고 하신 것은 상생의 숙제다. 이런 과정들이 반복되어야 우리는 끊임없이 새로워지고 변화 성숙할 수 있다. 큐티도 혼자 하면 금방 싫증이 나지만 다른 사람들과 같이하면 도전을 받고 짧은 시간이라도 갑절의 은혜를 받으며 하루를 시작할 수 있다. 늦은 밤 잠깐 나누는 전화 통화로라도 믿음의 교제는 힘을 발휘할 수 있다. 우리 하나님은 시간과 공간을 넘어 존재하시기 때문이다.

나는 코스타(KOSTA)를 통해 꿈이 더 커졌고, 자마(JAMA)를 통해 꿈을 심어 주어야 할 현장을 확인했다. 세계 여러 곳에서 사람들이 나를 반긴다. 하나님의 사람들이다. 그들이 나에게 좋은 것을 주고 좋은 말을 해 주어서 그들과 교제하는 것이 아니다. 우리를 통해 일하시는 하나님의 인생 경영 이야기를 듣고 거룩한 도전을 받기 때문이다. 지금 내 나이는 장년기에 속하지만 나는 인생의 산 정상에서 내려가고 있다고 생각하지 않는다. 나이가 들수록 하나님과의 동행이 더욱 간절하고 그분의 말씀에 더욱 귀를 기울이게 된다. 인생 경영 수업을 오래도록 받은 수제자로서 나는 오늘도 하나님과의 특별 수업을 즐기고 있다.

최종 목적지인 인생의 황금기를 향해 내 인생의 주인 되신 경영자와 동행하는 기쁨은 차에 올라타 본 사람만이 알 수 있다. 내 인생의 궁극적 비전을 알게 하신 그분이 앞으로 내 인생에 어떠한 일들을 펼치실지 나는 또 기대한다. 인생 경영 수업에 졸업은 없고, 인생에서 은퇴는 없다. 하나님을 최고 경영주로 모시고 청지기로서 하나님의 인생 경영에 참여한 사람은 하나님이 이끄시는 걸작 인생을 누리며 살게 된다. 인생을 경영하기로 작정하는 자에게 복이 있나니, 그들의 인생이 하나님과 즐거이 동행하게 될 것이다.

# • 하나님, 내 인생의 날 동안 나를 경영하소서

지금도 나는 달리고 있다. 나를 향한 하나님의 경영은 이제 클라이맥스로 가고 있다. 정상으로 나를 이끄시는 중이다.

이 시점에서 나는 새로운 미래를 보고 있다. 에필로그에서 사람들은 자신의 삶을 정리하고 끝을 준비하지만 나에게 에필로그는 또 다른 시작이다.

내 인생은 유·청소년기, 청년기, 중년기를 지나 장년기로 가고 있다. 보다 성숙한 사역을 감당하기 좋은 이 장년기를 지나면 황금기가 기다리고 있다. 황금기까지 최선을 다해 감당할 수 있도록 내가 붙잡고 있는 두 말씀이 있다.

"내가 달려갈 길과 주 예수께 받은 사명 곧 하나님의 은혜의 복음을 증언하는 일을 마치려 함에는 나의 생명조차 조금도 귀한 것으로 여기지 아니하노라"(행 20:24).

"나는 선한 싸움을 싸우고 나의 달려갈 길을 마치고 믿음을 지켰으니 이제 후로는 나를 위하여 의의 면류관이 예비되었으므로 주 곧 의로우신 재판장이 그날에 내게 주실 것이며 내게만 아니라 주의 나타나심을 사모하는 모든 자에게 도니라"(딤후 4:7-8).

달려갈 길을 마치는 선수가 누리는 그 영광의 순간이 바로 황금의 순간이 아닌가. 그 영광의 순간을 위해 나는 지금도 푯대를 바라보고 있다. 하지만 이 황금기를 은혜 가운데 맞기 위해서는 'The Earlier, The Better'의 원칙을 기억해야 한다. 대학 시절 복음주의 단체에서 신앙 훈련을 받고 인생의 비전을 일찍 받은 사람들은 지금도 열심히 복음의 현장에서 뛰고 있는 것을 본다. 비전을 일찍 발견한 사람들일수록 인생을 더 훌륭하게 경영할 수 있다. 나이가 들수록 하나님의 일을 더욱 창대하게 하심을 직접 확인하게 된다. 하나님의 인생 경영에 더 적극적으로 참여할 수 있기 때문이다. 황금기는 집에서 쉬는 안식기가 아니다. 정상을 향해 조금씩 그리고 끝까지 달리며 최고의 영향력을 발휘하는 시간이다.

하나님을 일찍 만나고, 우리 각자를 향한 하나님의 경영 목표와 전략이 있음을 안다면 하나님의 음성을 매일 들어야 한다. 하나님이 지금도 67세인 나를 전 세계를 다니며 평신도 말씀 사역자로 사용하시는 것은 젊은 날부터 지금까지 하루도 빼놓지 않고 해온 말씀 묵상을 귀히 여겨 주신 상이라고 생각한다.

하나님의 음성을 자꾸 들으면 하나님의 음성을 예민하게 알아듣고, 그 뜻대로 하게 된다. 내 뜻대로 하지 않는다. 이 음성 듣기는 아침 저녁으로 하나님의 말씀을 묵상하면서 훈련되었다. 이 묵상의 오랜 훈련이 나를 하나님께 더욱 낮아지게 했고, 지금까지 하나님의 경영하심 아래 맡기며 살게 했다. 감사하게도, 하나님은 나의 작은 순종을 귀히 여기셔서 내 삶을 형통케 하셨고 헤아릴 수 없이 많은 복을 주셨다. 그 복은 나를 통로로 공동체가 건강해지는 복까지 허락하셨다. 하나님은 언제나 내게 거룩한 부담감을 주신다.

이 책을 통해 하나님이 어떤 영혼들을 어떤 메시지로 변화시키실지 나는 기대가 크다. 최첨단 의료 시술과는 비교할 수 없는 놀라운 생명력을 주시리라 믿는다. 나 한 사람의 인생이 변하면 가정이 변하고 가문이 변하고 직장이 변하고 사회와 국가가 변한다. 아름다운 세상이 되는 것이다. 이것이야말로 하나님 나라의 확장이요 대지진이기에 나는 하나님의 인생 경영에 더 많은 사람들을 초대하기 위해 내일도 비행기에 오르고 하나님 앞에 무릎을 꿇을 것이다.

하나님은 내일이 없던 나에게 내일을 기대하게 하는 복을 주셨다. 오늘보다 내일이 더 기다려지는 삶처럼 복된 삶이 있을까. 나는 끝이 아니라 새로운 출발을 기대하고 있다. 나의 미래 이력서에 씌어 있던 '하나님의 인생 경영'에 관한 책을 이제 다 쓰고 마지막 몇 줄을 남겨 놓은 지금도 하나님의 철저한 계획에 내 영혼의 깊은 데서부터 할렐루야를 외친다.

"The Best is yet to come! I can't wait for tomorrow!" 가장 좋은 것은 아직 오지 않았기에 나는 내일이 너무 기다려진다. 오늘도 나는 이 기도를 드리며 하나님을 기대한다.


"하나님이여, 내 인생의 날 동안 나를 경영하소서!"